만화로 배우는
맹지(盲地) 탈출

혼자만 알고 싶은 대박 경매 시리즈 ①

만화로 배우는
맹지盲地 탈출

정기수 지음 | 안 주 그림

와우! 대박!!

맹지 탈출

봄봄
스토리

CONTENTS

- **01** 지적도상 맹지 ·· 11
- **02** 건축법상 맹지 ·· 43
- **03** 개발관련법상 맹지 ···································· 55
- **04** 감정평가서상 맹지 ···································· 99
- **05** 맹지에 대한 경매 진행 ···························· 117
- **06** 판례 ··· 129

지은이의 말

요즘의 경매시장은 많은 사람들이 참여하는 보통의 장이 되었다. 그래서 경매에 참여하는 사람들이 많아졌고, 그로인하여 경락률도 높아짐을 볼 수가 있다. 경매시장의 상황이 이렇게 변하자 평범한 일반물건의 경락률은 높아만 가고 있으며, 보통의 경매물건의 응찰로는 원하는 수익률을 내기가 힘든 시장이 되어가고 있다. 그래서 경매에 많은 경험과 지식을 갖고 있는 사람들은 어려운 물건들을 집중적으로 분석하여 경매에 참여하고 있다.

어려운 경매물건들을 나열하자면 여러 가지가 있다. 법정지상권, 유치권, 혼동과 관련된 물건 등 여러 가지가 있을 수 있다. 보통 경매를 학습하는 사람들은 사법(私法)과 관련된 내용만을 학습하는 경향이 있다. 즉, 민법, 민사집행법 등이다. 그러니 필자의 생각은 이와는 다르다.

경매물건을 분석하다보면 사법(私法)보다는 공법(公法)분야가 더 필요한 물건들이 많다. 일반인들이 사법(私法)은 자주 접하기 때문에 어느 정도 이해는 하지만, 공법(公法)은 자주 접할 수 없기 때문에 아예 무시하고 넘어가는 경우가 있다. 그러나 공법(公法)을 무시하고 경매에 참여했다가는 큰 낭패를 경험하게 되는 경우가 많다.

여기서 말하는 공법(公法)은 법률용어에서 말하는 헌법, 행정법, 형법, 소송법 등을 말하는 것은 아니다. 필자가 말하는 공법(公法)은 건축법, 도시계획법, 국토계획법, 도로법, 하천법 등을 말한다. 이러한 법률은 경매물건을 분석하는데 많은 도움이 되고 중요한 내용을 담고 있기도 하다. 그러나 법률전문가도 아닌 일반인이 이러한 법률을 전부 이해하기에는 어려움이 있다. 그래서 필자는 이러한 법률 중에서 필요한 몇 가지 부분만 숙지하기를 권한다.

이 책은 맹지(盲地)에 관한 책이다. 맹지란 보통 진입로가 없는 땅을 말한다. 그러므로 맹지는 감정평가에서 낮게 평가되는 것이 보통이다. 따라서 이런 맹지를 매입하여 맹지를 탈출할 수만 있다면 큰 이익을 거둘 수 있다는 것은 쉽게 생각할 수가 있다. 사람들은 맹지를 진입로가 없는 땅이라고 생각하는 것이 보통이지만 맹지는 여러 가지로 나눠 볼 수 있다. 필자는 맹지를 지적도상 맹지, 건축법상 맹지, 개발관련법상 맹지, 감정평가서상 맹지로 나눠 설명을 하고자 했다.

많은 사람들이 경매물건 중에서 맹지라는 말이 나오면 그냥 분석도 하지 않고 넘겨버리는 경우가 있다. 그러나 필자는 이런 맹지에서 황금을 캐는 경우가 많다. 치열한 경매시장에서도 이런 맹지는 거의 단독이나 경쟁률이 낮게 취득을 할 수 있다. 물론 이런 맹지는 최초법사가격의 30~50%로 경락을 받는 경우가 많다.

보통 경매시장에서는 경매의 블루칩으로 맹지, 법정지상권, 유치권을 말하고 있다. 그러나 유치권은 많은 사람들이 공부를 하고, 허위의 유치권이 많아 무시되는 경우가 있다. 그런 이유로 필자는 맹지, 법정지상권, 지분경매를 경매의 블루칩으로 생각을 한다. 이 책자는 필자가 경매의 블루칩 중 최초로 집필하는 책자이며, 추후 빠른 시간 내에 법정지상권과 공유지분경매에 대한 책자를 집필할 예정이다.

끝으로 이 책이 나오기까지 많은 도움을 주신 분들께 고마움을 표하며, 이 책이 맹지를 다시 볼 수 있게 하는 계기가 되었으면 하는 마음이다.

2019년 봄날에
정 기 수

앞에서 맹지의 정의를 말하다가 엉뚱하게 되었는데… 지적도상 맹지뿐만 아니라 다른 경우로 맹지가 되어 버리는 경우도 있죠.

에~ 지적도상 맹지는 아니나 개발행위허가를 목적으로 한다면 건축법이나 각종 개발관련법에 의하여 건축을 할 수 없는 경우가 있습니다.

그렇습니다. 맹지는 단순히 지적도상 도로에 접하는 것 뿐만 아니라, 건축법, 각종 개발관련법에 의해서도 발생할 수가 있습니다.

맹지란
지적도 뿐만 아니라 건축법, 개발관련법에 의하여 건축허가나 신고가 되지 않는 토지도 포함.

자! 맹지를 이와 같이 정의할 수 있습니다.

예! 그렇습니다.
이제 맹지가 되는 경우와 맹지를 탈출하는 방법에 대하여 알아 보겠습니다.

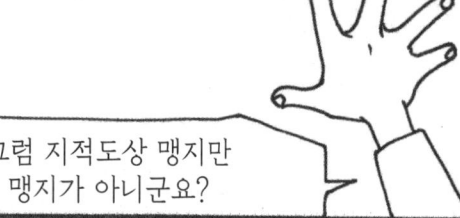

01

지적도상 맹지

지적도상 맹지는 많은 사람들이 알고 있습니다.

예! 지적도만 볼 수 있으면 되니까 저도 아는데요.

맹지(盲地)의 맹(盲)자는 다음과 같습니다.

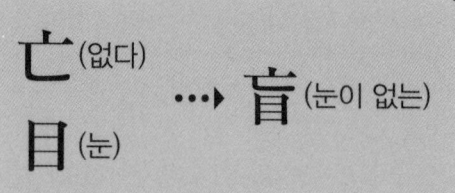

즉, 눈이 없는 토지(땅)을 말하는 거죠.

맹지를 이렇게 한문으로 표시해보면 훨씬 이해하기가 쉬울 겁니다.

정말 그렇네요…

지적도와 현황은 많은 차이가 있을 수 있습니다.

지적도와 현황이 차이가 있어요?

예! 그렇습니다. 지적도에는 대지로 되어 있지만, 건축허가를 내면서 도로를 확보해야 하기 때문에 도로로 된 부분이 있습니다.

그럼 그런 부분은 도로로 표시가 안되나요?

예! 건축법상 도로로 지정하고자 할 경우 지적분할과 지목변경이 의무화 되어 있지는 않습니다.

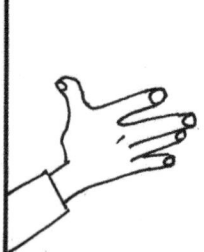

교수님 너무 어려워요…

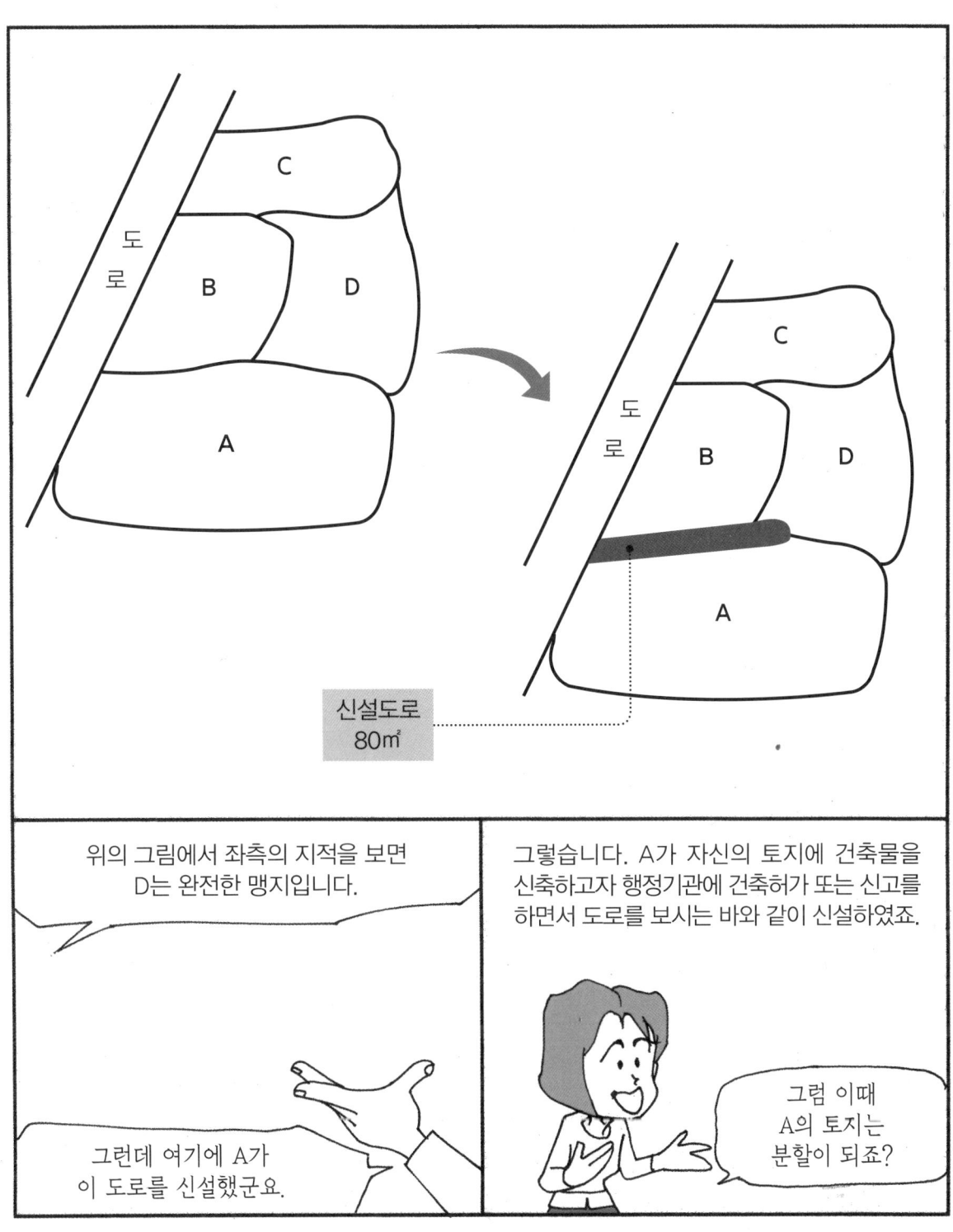

위의 그림에서 좌측의 지적을 보면 D는 완전한 맹지입니다.

그런데 여기에 A가 이 도로를 신설했군요.

그렇습니다. A가 자신의 토지에 건축물을 신축하고자 행정기관에 건축허가 또는 신고를 하면서 도로를 보시는 바와 같이 신설하였죠.

그럼 이때 A의 토지는 분할이 되죠?

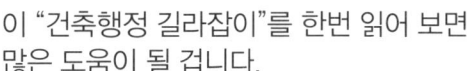

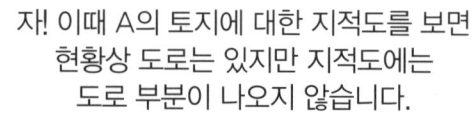 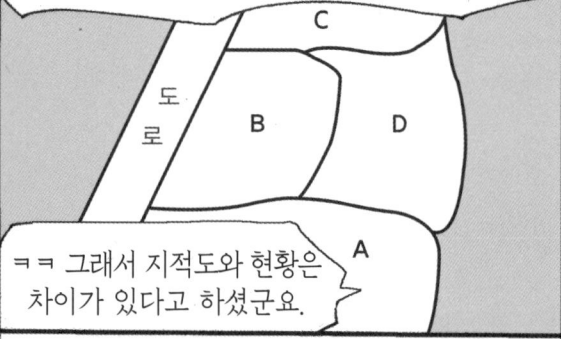

자! 이때 A의 토지에 대한 지적도를 보면 현황상 도로는 있지만 지적도에는 도로 부분이 나오지 않습니다.

ㅋㅋ 그래서 지적도와 현황은 차이가 있다고 하셨군요.

예! 그렇습니다. 그렇지만 A의 토지가 국토계획법에서 정한 개발행위허가를 받아야 한다면 문제가 달라지는 거죠.

어떻게 달라지는 거죠?

개발행위허가를 받아야 한다면 분할신청이 의무화 되어있죠.

어어~ 너무 어렵네요…

자! 다시 한번 설명할테니 잘 들으세요. 건축법상 도로를 신설하는 것과 국토계획법에서 말하는 개발행위로 도로를 신설하는 것은 차이가 있다는 겁니다.

아하! 건축법상 도로는 분할과 지목변경이 필요 없지만 국토계획법은 분할을 해야 한다는…

건축법상 도로	개발행위허가 도로
분 할 X 지목변경 X	분 할 O 지목변경 O

그렇습니다! 중요한 것은 현황으로 봤을 때, A의 토지의 일부가 건축법상 도로로 되어 있으면, D는 이 도로를 이용하여 건축허가를 받을 수 있다는 거죠. 그러므로 D는 맹지가 아니라는 말씀이군요?	그렇죠! 그래서 우리는 이러한 토지를 볼 때 현장 답사가 필요한 거죠. 현황도로가 있는지 없는지를 확인해야 하니까요. 그럼 반드시 현장 답사를 해야만 알 수 있네요?
아닙니다. 요즘은 너무나 편리한 세상이죠. 인터넷으로 인하여 정보도 넘쳐나고… 맹지탈출 그럼 인터넷으로 미리 알 수가 있나요?	예! 알 수는 있지만 전적으로 믿으면 안됩니다. 왜요?
인터넷 지도가 업데이트가 안되어 현황과 다른 경우가 많거든요. ㅋㅋ 어차피 현장 답사를 하라는 말씀인데..	지도는 "다음", "네이버", "구글" 등의 사이트에서 보는 것은 아시죠? 교수님! 그것도 그림으로 좀 해주시면…

❶ 지적도상 맹지

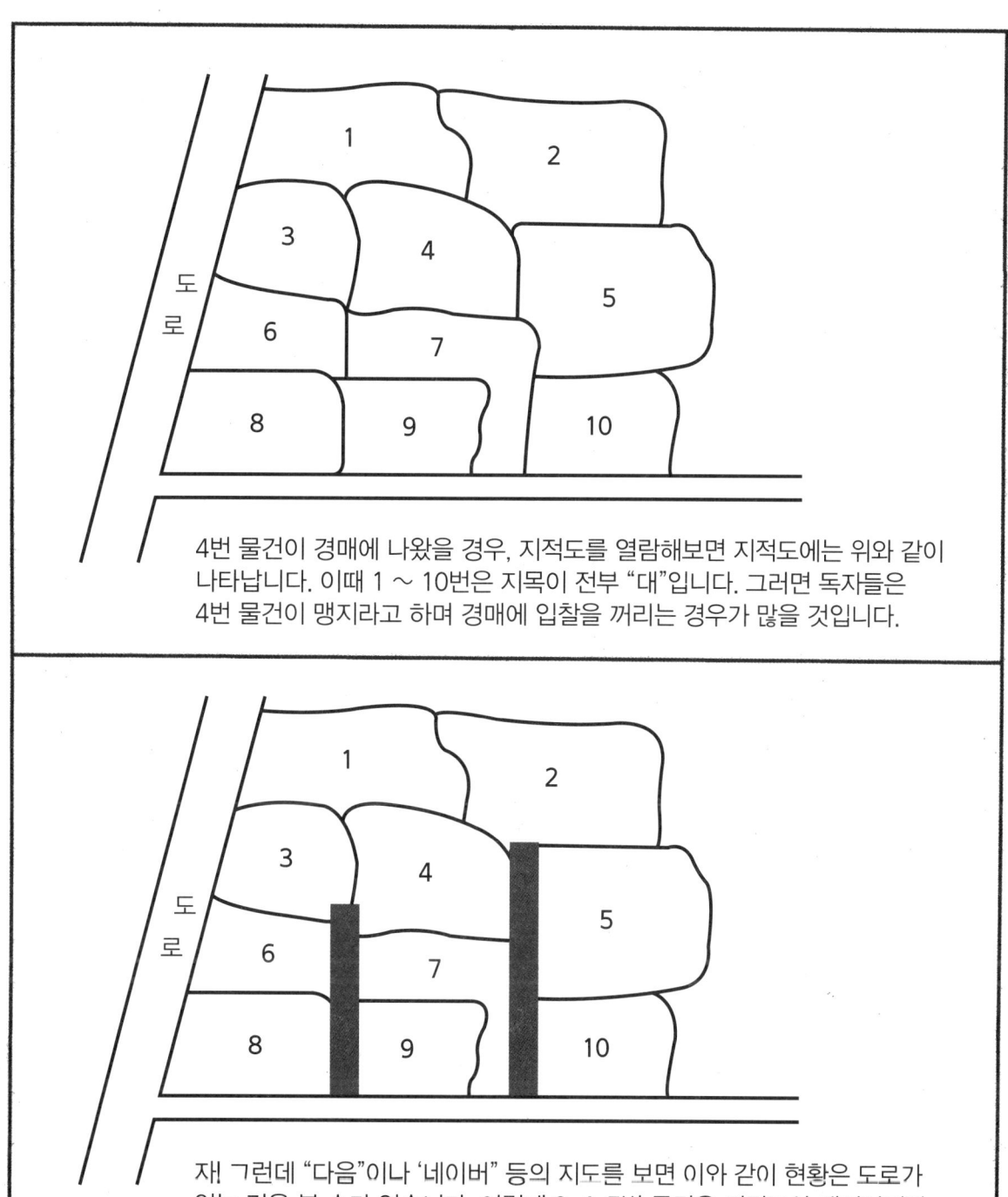

4번 물건이 경매에 나왔을 경우, 지적도를 열람해보면 지적도에는 위와 같이 나타납니다. 이때 1 ~ 10번은 지목이 전부 "대"입니다. 그러면 독자들은 4번 물건이 맹지라고 하며 경매에 입찰을 꺼리는 경우가 많을 것입니다.

자 그런데 "다음"이나 '네이버' 등의 지도를 보면 이와 같이 현황은 도로가 있는 것을 볼 수가 있습니다. 이렇게 2, 4, 5번 물건은 지적도상 맹지이지만 현황도로를 이용하여 건축을 한 것입니다.

자! 여기서 잠깬! 현황도로에 대하여 간단히 알아보겠습니다.  말 그대로 현황상 도로가 아닌가요?	그렇습니다. 현황도로는 지적도 상에는 표기되어 있지 않지만 주민이 오랫동안 통행로로 이용하고 있는 사실상의 도로를 말하죠.  그래서 현장을 꼭 확인해야겠군요…

 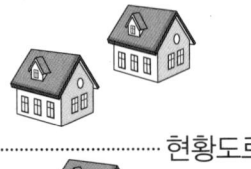 — 현황도로

[현황]

 (甲)

도 로

[지적도상]

자! 위 왼쪽의 그림은 현황을 나타낸 것이고, 오른쪽은 지적도상을 나타낸 겁니다.  정말 지적도에는 현황도로가 나오지 않네요?	그렇습니다. 그래서 경매물건을 볼 때는 현장답사가 중요한 이유죠..  그렇군요.

각 자치단체의 건축조례에 따라 다르게 적용하기 때문이죠.

지역에 따라서는 건축허가를 내어주는 지역도 있습니다.

왜 그렇게 차이가 있죠?

그럼 항상 자치단체의 건축 조례를 보고 판단 해야겠군요?

그렇습니다. 현황도로를 허가권자가 건축법상 도로로서 지정·공고하기 위해서는 해당 도로에 대한 이해관계인의 동의가 필요하죠.

이해관계인이 해외 거주하는 등의 사유로 동의를 받기 곤란하거나 주민이 오랫동안 통행로로 이용하고 있는 사실상의 통로로서 해당 자치단체의 조례로 정하는 것인 경우에는 이해관계인의 동의를 받지 않고 건축위원회의 심의를 거쳐 도로로 지정이 가능하죠.

이해관계인을 찾을 수 없으면요?

어휴 힘들어!!!

서울시의 경우는 하천·구거부지·제방도로, 공원 내 도로에 대하여 허가권자가 이해관계인의 동의를 얻지 않고 건축위원회의 심의를 거쳐 도로로 지정할 수 있죠.

거의 비슷하지만 다른 경우도 많습니다.

자치단체의 조례가 각각 다른가요?

어쩔 수 없이 건축조례를 항상 확인해야겠군요.

그렇군요.

소재지	경기도 파주시 야당동 일반 194-9		
지목	도로	면적	256 ㎡
개별공시지가 (㎡당)	148,500원 (2017/01)		
지역지구등 지정여부	「국토의 계획 및 이용에 관한 법률」에 따른 지역·지구등	계획관리지역 , 기타용지(2016-10-07)((성장관리방안 수립지역))	
	다른 법령 등에 따른 지역·지구등	군사기지 및 군사시설기타(11미터위임(09.05.14))<군사기지 및 군사시설 보호법> 군사시설 보호법>	
「토지이용규제 기본법 시행령」 제9조제4항 각 호에 해당되는 사항		<추가기재> 건축법 제2조제1항제11호나목에 따른 도로(도로일부포함)	

항상 이렇게 표기가 된다면 분쟁도 발생하지 않겠죠.

그럼 표기가 안되었다면…?

도로대장을 살펴봐야죠.

아하! 도로대장요…

그런데 실무에서는 건축담당 공무원이 도로지정을 하지 않으면 알 수가 없는 거죠.

그럴 수도 있나요?

■ 건축법 시행규칙 [별지 제23호서식] <개정 2016. 7. 20.>

건축허가조사 및 검사조서

(앞쪽)

• [ ]에는 해당하는 곳에 √ 표시를 합니다.

건축주			
대지위치		지번	
조사 / 검사자	성명	면허번호	
	사무소명	등록번호	
조사 / 검사일자		설계일자	

「건축법」 제27조 및 같은 법 시행규칙 제21조에 따라 아래와 같이 건축허가조사 및 검사조서를 제출합니다.

년   월   일

조사 / 검사자   (서명 또는 인)

특별시장·광역시장·특별자치시장·특별자치도지사, 시장·군수·구청장 귀하

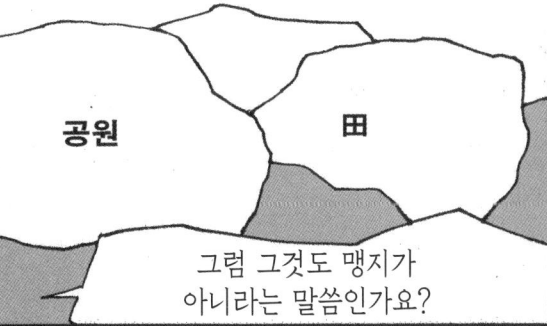

❶ 지적도상 맹지

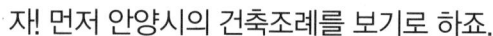

자! 먼저 안양시의 건축조례를 보기로 하죠.

알겠습니다.

다시 한번 말씀드리지만 각 자치단체의 건축조례는 차이점이 있으니까 반드시 확인해야 합니다.

예! 알겠습니다.

제29조(도로의 지정)

1. 복개된 하천·구거부지 및 철도로서 차량과 보행자의 통행이 가능한 경우
2. 공원 내 도로의 경우
3. 마을정비 등 공공사업으로 설치되어 공중의 통행로로 사용 중인 마을진입로 등 사실상의 도로의 경우
4. 불특정 다수인이 이용하고 있는 사실상의 도로로서 그 부분을 이용하여 건축허가를 한 사실이 있는 통행로의 경우

자! 510번지의 "전"이 경매로 나왔는데 감정평가서에는 맹지로 감정되었습니다.

맹지가 맞지 않나요?

아닙니다. 본건과 인접하여 폭 4차선의 도로가 있습니다.

어 정말 그렇네요.

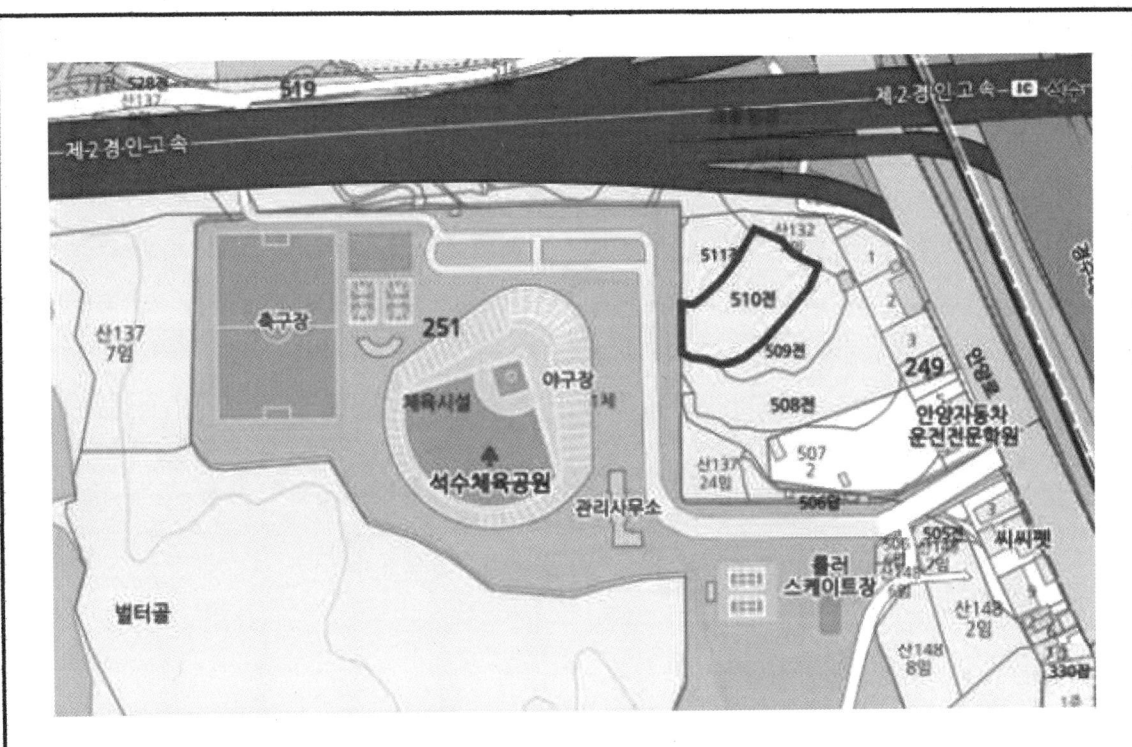

❶ 지적도상 맹지

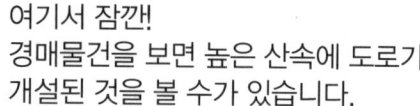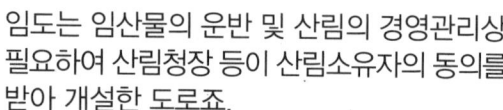

"건축행정 길라잡이"에는 이와 같은 내용이 있습니다.

> 지적도에서 비록 지목은 도로라 하더라도 건축법 또는 도로법 등 관계법에서 도로로 결정·고시된 것이 아니고, 시장·군수 등 허가권자가 이를 도로로 지정한 것이 아니라면 건축법상의 도로로 볼 수 없다.

어! 그러면 건축허가권자가 결정·고시한 도로가 아니라면 지목이 "도"라고 해도 도로가 아닌 거네요?

그렇습니다.

건축법 제2조에는 도로의 종류가 나옵니다.

건축법이요?

어휴! 이젠 경매에서 건축법까지 알아야 하네

예. 우리가 건축법 전체를 알 필요가 없지만…
맹지를 알기 위해서는 필요한 부분만 알고 가면 됩니다.

ㅋㅋ 교수님! 어려우니까 조금만 알고 가시게요.

알겠습니다.
맹지와 관련된 내용만 확인하고 가기로 할게요.

감사합니다!

자! 이제 건축법상 도로는 뒤에서 알아볼 테니까 지적도상 맹지에 대하여 계속하죠….

알겠습니다.

다음은 미지정도로입니다. 중요하니까 다시 한번 보기로 하죠.

> 문 : 지목이 도로이나 건축법 또는 도로법 등 관계법에서 도로로 결정·고시되지 아니한 경우 도로로 볼 수 있는지?
>
> 답 : 비록 지목은 도로라 하더라도 관계법에서 도로로 결정·고시된 것이 아니고, 시장·군수 등 허가권자가 이를 도로로 지정한 것이 아니라면 건축법상의 도로로 볼 수 없다.
>
> 건축행정 길라잡이

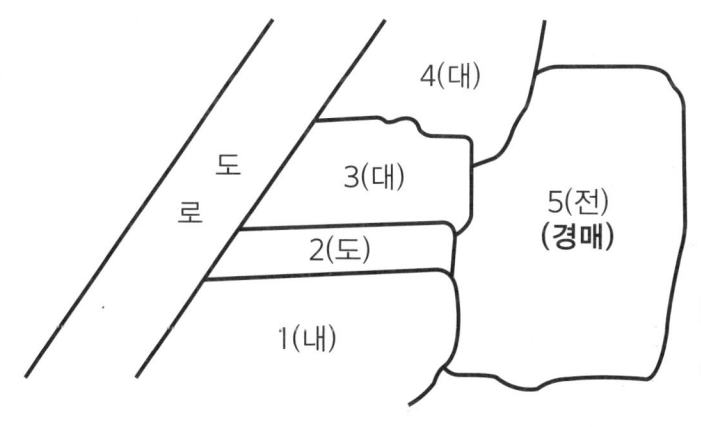

앞에서 본 바와 같이 5번 물건이 경매로 나왔을 경우입니다.

그럼 2번 물건이 지목이 도로지만 도로로 결정·고시되지 않았으면 도로가 아니라는 거죠?

예! 그렇습니다.
아무리 지목이 도로라고 해도 시장·군수가 도로로 지정을 안했다면 건축법상의 도로라고 볼 수가 없다는 거죠.

만약 제가 이 사실을 몰랐다면 맹지가 아니라고 경매에 참여했을 거 같은데요…

예, 이를 모르고 경락을 받았다면 경락자는 2번 물건의 소유자에게 사용 승락을 받아야겠죠.

돈이 엄청 들겠는데요.

물론 여기에서 5번 물건의 지목이 대지라면 문제가 달라집니다.

어떻게요?

대지라면 민법 제219조에 의하여 주위토지통행권을 청구하여 통로를 낼 수 있으니까 건축이 가능합니다.

주위토지통행권은 반드시 대지만 가능한가요?

아닙니다. 전·답도 가능하지만…
전·답은 농사를 짓기 위한 토지이기 때문에 건축을 하는데 필요한 도로의 폭으로 주위토지통행권을 청구할 수는 없습니다.

그럼 전·답은 농사를 지을 수 있는 통로만 나겠군요?

그렇습니다.

그럼 경락을 받을 시에는 반드시 지목도 확인해야 겠네요…

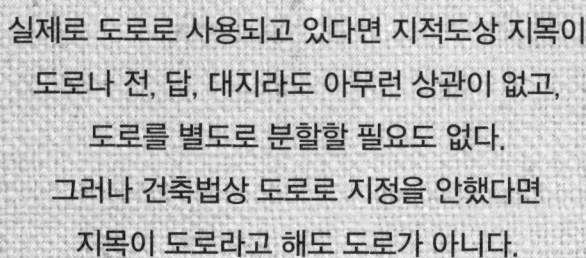

실제로 도로로 사용되고 있다면 지적도상 지목이
도로나 전, 답, 대지라도 아무런 상관이 없고,
도로를 별도로 분할할 필요도 없다.
그러나 건축법상 도로로 지정을 안했다면
지목이 도로라고 해도 도로가 아니다.

ㅋㅋ 교수님!
그렇게 다시 설명해 주시니까
이해가 많이 되네요.

다행입니다.

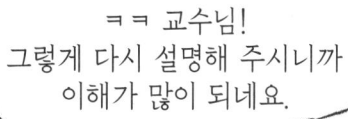

지적도상 도로는 지목을 따지지 않고,
분할을 했느냐 안했느냐를 따지지도 않지만,
지목이 도로라고 해도 건축법상 도로로
미지정했다면 도로가 아니므로 맹지다!

이것만 기억하면
되겠네요…

또한 지적도상 맹지처럼 보이지만
맹지가 아닌 경우도 있습니다.

우리 주변에서
도로로 인하여 건축분쟁이
많이 일어나는데…

어떤 경우죠?

ㅋㅋ 어제
우리 동네에서도
말썽이 있었어요.

02

건축법상 맹지

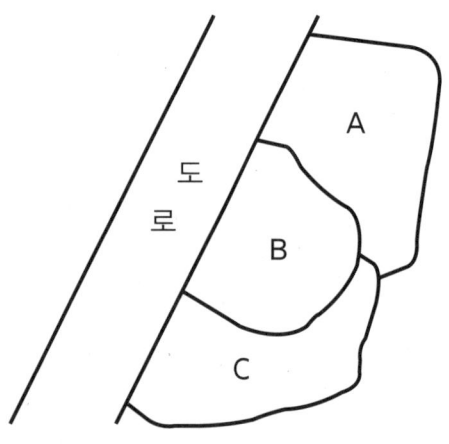

  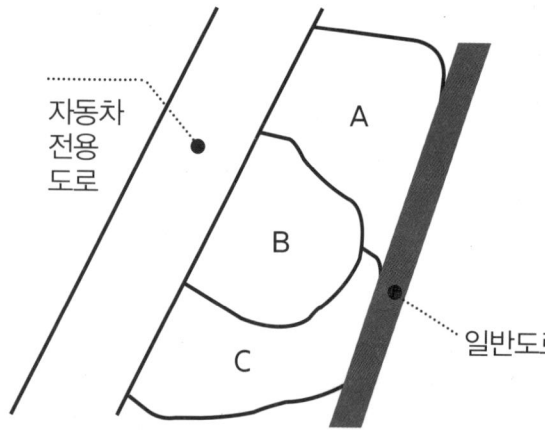  

지금 우리는 도로법이 아니라 건축법상 맹지에 대하여 이야기 하고 있다는 걸 명심하시길!

그럼 도로법에 대한 맹지도 알려 주시나요?

물론이죠. 도로법상 맹지는 제3장의 개발관련법상 맹지에서 말씀드릴 겁니다.

알겠습니다!

건축법상 도로는 보행과 차량 통행이 가능해야 하고, 4m 이상이 되어야 한다고 했습니다.

비도시·면지역은 보행이 가능하고 차량 통행이 가능한 2.5m 이상이면 되고요…

오케! 맞습니다. 건축법 제2조에서 말하는 도로에 대해서 알아보죠.

건축법에서 말하는 도로…

도로의 종류 (건축법 제2조)

법정도로	지정도로
1. 국토의 계획 및 이용에 관한 법률 2. 도로법 3. 사도법 4. 기타 관계 법령	1. 건축허가권자가 위치를 지정하여 공고한 도로

물론 건축법상 지정도로는 사용승낙을 받지 않고도 이 도로를 이용하여 건축이 가능하다는 것은 앞에서 말했죠?

예! 말씀하셨어요.

또한 건축법 제44조에서는 대지와 도로의 관계(接道)에 대하여 말하고 있습니다.

좀 어려워지려고 하는데요…

ㅋ~ 그래도 조그만 참으세요…
접도는 도로에 접하는 부분을 말합니다.

도로와 접해진 부분…

교수님! 공지가 뭡니까?

공지(公地)란 광장, 공원, 유원지, 그 밖의 관계 법령에 따라 건축이 금지되고 공중의 통행에 지장이 없는 공공의 터로서 허가권자가 인정한 것을 말합니다.

원 칙

건축물의 대지는 2m 이상 도로에 접해야 한다.

예 외

공중의 통행에 지장이 없는 공지가 있으면 2m 이상 접하지 않아도 되고, 건축물의 연면적이 2,000㎡(공장은 3,000㎡) 이상이면 너비 6m 이상 도로에 4m 이상 접해야 한다.

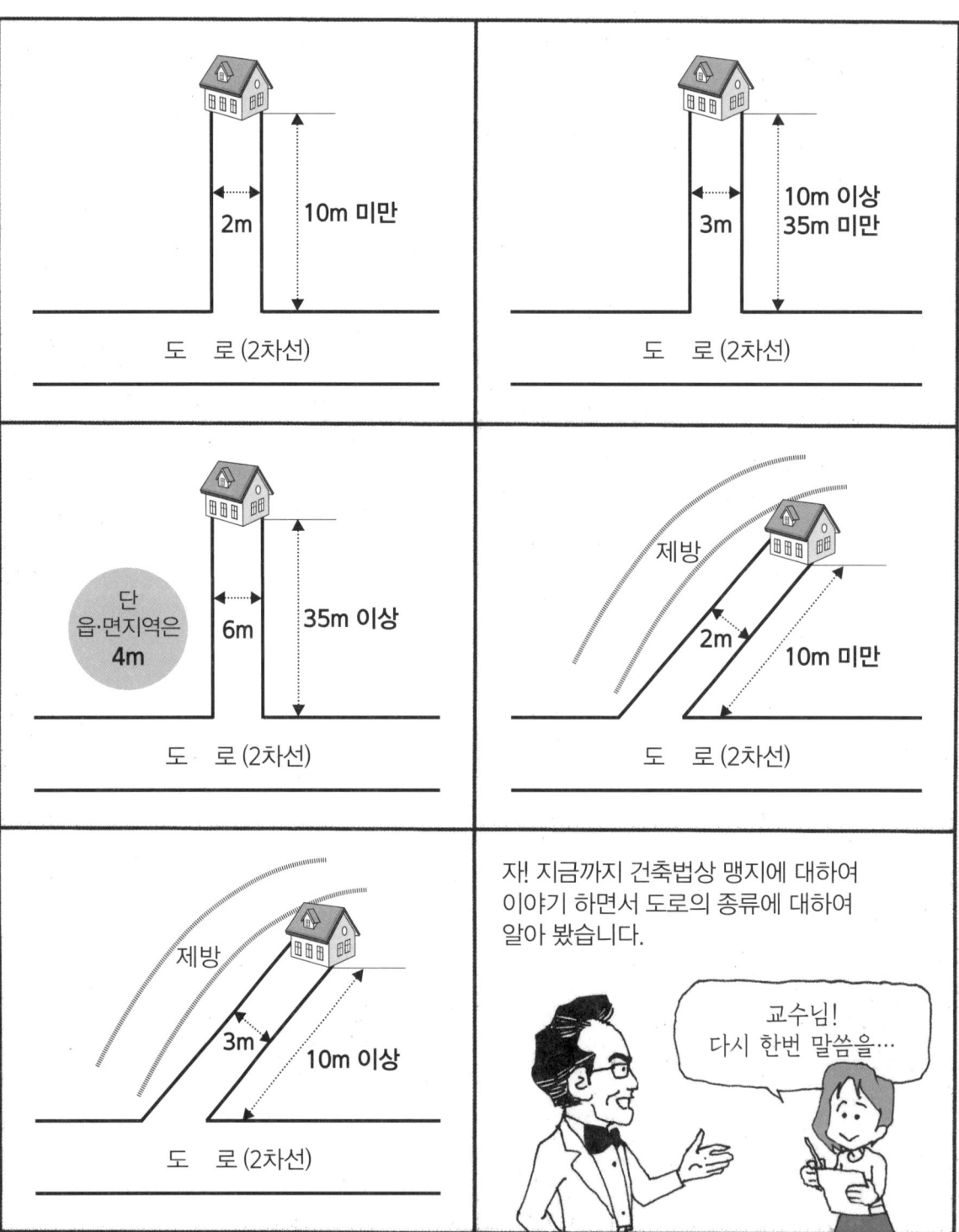

건축법상 도로는 보행과 자동차 통행이 가능한 도로를 말하는 것으로 자동차 전용도로 등에만 접한 대지의 경우는 건축법상 도로에 접하지 아니한 것으로 보아 건축행위 불가.

건축행정 길라잡이

건축허가 또는 신고 시에 허가권자가 위치를 지정하여 공고한 도로는 건축법상 도로이므로, 추후 동 도로를 이용하여 건축허가나 신고가 가능.

건축행정 길라잡이

어느 토지의 일부가 오래전부터 사실상의 도로로 사용되어 왔고 인근 주민들이 그 위에 콘크리트 포장까지 하였더라도 이러한 사유만으로 위 토지부분이 건축법상의 도로로 되었다고 볼 수 없음.
『대법원 1990.2.27. 선고 89누7016 판결』

건축행정 길라잡이

문 : 조례로 정하여 이해관계자의 동의 없이 도로로 지정할 수 있는 경우의 구체적 예시

답 : 건축법상의 도로는 아니나 주민이 통로로 사용하고 있는 복개된 하천, 제방, 공원내 도로, 또는 소규모의 골목길 등(이는 허가권자가 현황을 잘 알고 있을 것이므로 보다 구체적으로 위치를 표시하여 정할 수 있는 사안이라 판단됨)

건축행정 길라잡이

도로부지 소유자가 도로부지의 지정 공고에 동의한 경우 신축하는 다른 건물의 진입도로에도 적용됨, 즉 도로부지 소유자가 그 도로를 이용하고자 하는 타 부지의 소유자에게 도로사용을 승인하여 도로로 지정·공고되어 건축허가가 되었고 그 이후 허가가 취소되었음. 이에 제3자가 지정·공고된 도로를 이용하여 건축허가 신청을 하였을 경우에 그 이전 허가에서 이미 도로로 지정·공고되었다면 도로로 인정할 수 있을 것임. 『대법원 2008.10.9. 선고 2008두4008 판결』

건축행정 길라잡이

자! 건축법상 맹지의 내용을 잘 이해하고 이제 개발관련법상 맹지로 가겠습니다.

법! 법! 법! 법은 생각만 해도 머리가 아파요.

ㅋㅋ 법은 어려운 거 같지만 앞에서 말했듯이 필요한 부분만 알고 가면 됩니다.

교수님! 최대한 머리 아프지 않게…

03 개발관련법상 맹지

자! 맹지와 관련된 법률이 아주 아주 많습니다. "정말 많네요…"	계속 말씀 드렸지만 이 많은 법률을 전부 아실 필요는 없습니다.
이 많은 법률 중에서 경매물건을 경락 받을 때 가장 자주 접하게 되는 법률만 알고 가면 됩니다. "교수님! 그것도 많으니까 중요부분만…"	알겠습니다. 이 많은 법률 중에서 국토계획법, 도로법, 사도법, 하천법만 알고 가겠습니다. **국토계획법, 도로법, 사도법, 하천법**
먼저 국토계획법에서는 어떻게 토지에 대하여 규제를 하고 있는가를 보기로 하겠습니다. "교수님! 앞에서 말씀하신 개발행위허가도 국토계획법에 나오는 거죠?"	그렇습니다. 국토계획법은 현재 144조의 조문이지만 이 중에서 몇 가지의 조문만 알고 가기로 하죠… "와우! 몇 가지 조문만…"

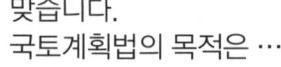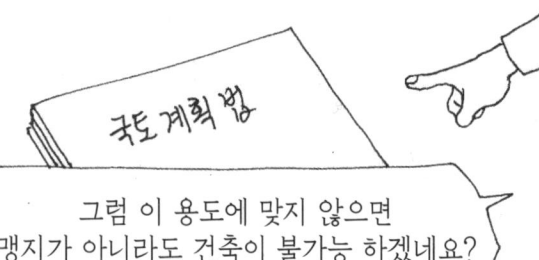

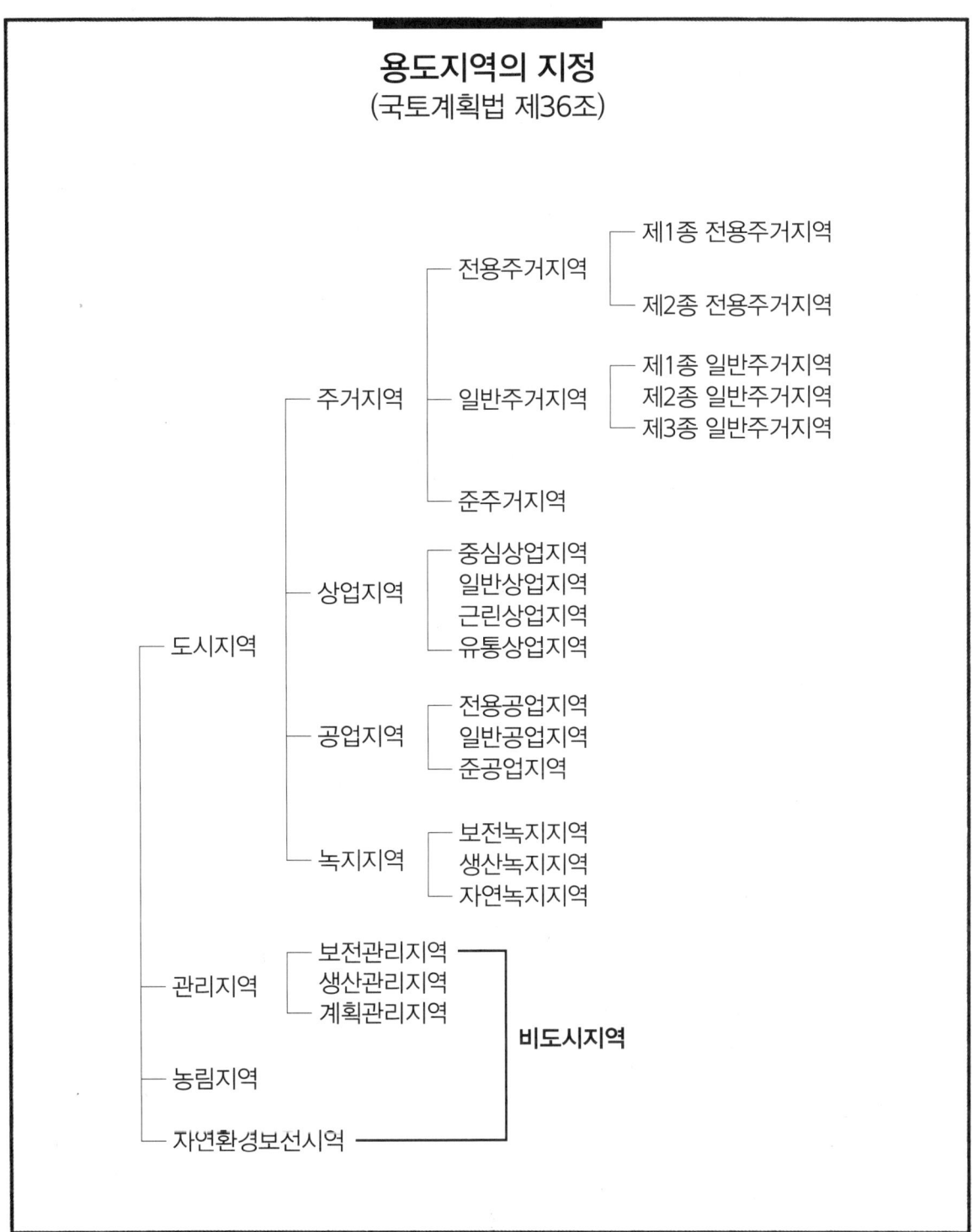

소재지	강원도 원주시 신림면 황둔리 일반 807			
지목	전		면적	731 m²
개별공시지가 (m²당)	13,500원 (2017/01)			
지역지구등 지정여부	「국토의 계획 및 이용에 관한 법률」에 따른 지역·지구등	계획관리지역		
	다른 법령 등에 따른 지역·지구등	가축사육제한구역(상대제한지역)<가축분뇨의 관리 및 이용에 관한 법률>, 소하천구역<소하천정비법>		
「토지이용규제 기본법 시행령」 제9조제4항 각 호에 해당되는 사항				

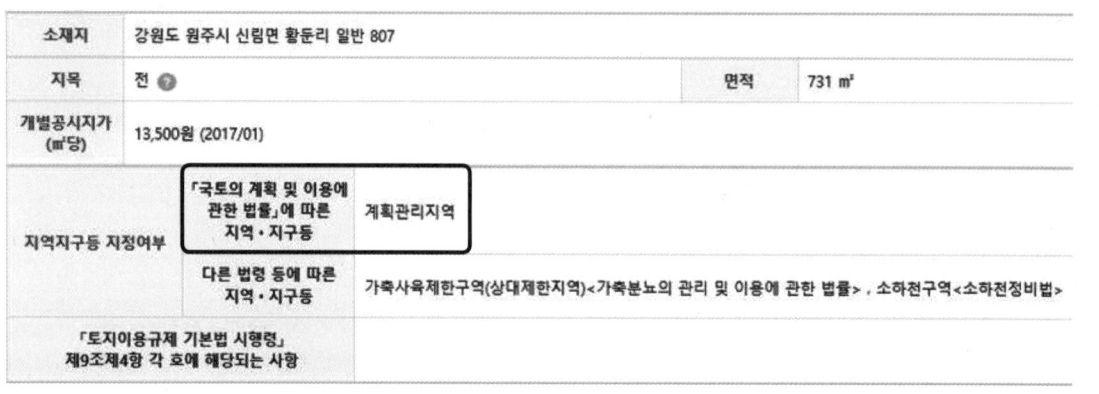

용도지구의 지정 (국토계획법 제37조)

1. 경관지구 2. 미관지구 3. 고도지구 4. 방화지구 5. 방재지구
6. 보존지구 7. 시설보호지구 8. 취락지구 9. 개발진흥지구
10. 특정용도제한지구

※ 특정용도제한지구 : 주거기능 보호나 청소년 보호 등의 목적으로 청소년 유해시설 등 특정시설의 입지를 제한할 필요가 있는 지구.

용도지구란 학교주변에서는 청소년 유해업소를 할 수 없고, 문화재 주변에서는 건축이 제한되는 등의 여러 가지 내용이죠.

어차피 용도지구도 규제 내용이군요?

그렇습니다. 이러한 규제 내용은 토지이용계획의 『다른 법령 등에 따른 지역·지구등』에서 알 수가 있습니다.

토지이용계획이요…

소재지	강원도 원주시 신림면 황둔리 일반 807		면적	731 m²
지목	전			
개별공시지가 (m²당)	13,500원 (2017/01)			
지역지구등 지정여부	「국토의 계획 및 이용에 관한 법률」에 따른 지역·지구등	계획관리지역		
	다른 법령 등에 따른 지역·지구등	가축사육제한구역(상대제한지역)<가축분뇨의 관리 및 이용에 관한 법률> , 소하천구역<소하천정비법>		
	「토지이용규제 기본법 시행령」 제9조제4항 각 호에 해당되는 사항			

자! 이제 토지를 경락 받은 후에 가장 빈번히 부딪치는 개발행위의 허가에 대하여 알아보죠.

개발행위허가는 자주 듣는 용어잖아요?

그렇습니다. 앞에서도 말했지만 개발행위허가를 받으려면 개발면적에 따라 다르지만 진입로가 4m 이상이 되어야죠.

교수님! 그건 지적도상 맹지에서 말씀하셨어요.

개발행위의 허가
(국토계획법 제56조)

- 건축물의 건축 공작물 설치
- 형질변경
- 토석채취
- 토지분할
- 적치행위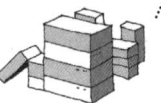
  (녹지지역, 관리지역, 자연환경보전지역)

개발 행위

자! 개발행위는 이와 같은 5가지 행위 중 어느 하나에 해당하는 행위를 말하죠.

개발행위허가는 꼭 받아야 하나요?

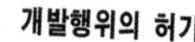

아닙니다. 재해복구나 재난수습을 위한 응급조치 등은 예외가 있죠.

ㅋ~ 항상 예외가 있군요…

개발행위는 개발행위허가운영지침에 따라 허가가 이뤄집니다.

그럼 그 지침에 맞지 않으면 개발행위허가가 나지 않겠군요

그렇죠. 그러니까 아무리 도로가 있다고 해도 주택신축은 가능하지만 공장신축은 불가능한 경우가 있는 거죠.

그래서 토지를 경락 받을 경우 자신이 사용할 용도에 맞는지를 반드시 확인해야 합니다.

용도에 맞지 않으면 맹지나 다름없으니까 그렇죠?

예. 그렇죠. 개발행위허가운영지침에는 개발규모에 따라 진입도로의 폭이 정해집니다.

개발규모	도로폭	예 외
5천m² 미만	4m 이상	차량 진출입이 가능한 기존 마을안길, 농로 등에 접속하거나 차량 통행이 가능한 도로를 개설하는 경우로서 농업·어업·임업용 시설(가공, 유통, 판매 시설은 제외)과 부지면적 1천 m² 미만의 1종근린생활시설과 단독주택은 적용 안함.
5천~3만m² 미만	6m 이상	
3만m² 이상	8m 이상 적정 폭	

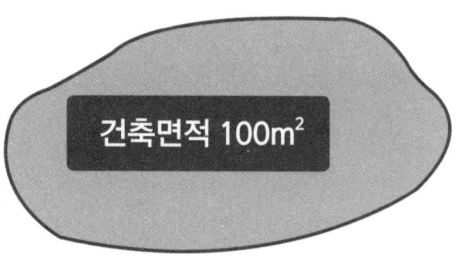

건폐율 50%, 용적률 50%인 경우   건폐율 50%, 용적률 100%인 경우

용도지역의 건폐율
(국토계획법 제77조)

- 도시지역
  - 주거지역
    - 제1종, 제2종 전용주거지역 : 50% 이하
    - 제1종, 제2종 일반주거지역 : 60% 이하
    - 제3종 일반주거지역 : 50% 이하
    - 준주거지역 : 70% 이하
  - 상업지역
    - 중심상업지역 : 90% 이하
    - 일반상업지역 : 80% 이하
    - 근린상업지역 : 70% 이하
    - 유통상업지역 : 80% 이하
  - 공업지역 : 70% 이하
  - 녹지지역 : 20% 이하
- 비도시지역
  - 관리지역
    - 보전관리지역 : 20% 이하
    - 생산관리지역 : 20% 이하
    - 계획관리지역 : 40% 이하
  - 농림지역 : 20% 이하
  - 자연환경보전지역 : 20% 이하

용도지역의 용적률
(국토계획법 제78조)

- 도시지역
  - 주거지역
    - 제1종 전용주거지역 : 50% 이상 100% 이하
    - 제2종 전용주거지역 : 100% 이상 150% 이하
    - 제1종 일반주거지역 : 100% 이상 200% 이하
    - 제2종 일반주거지역 : 150% 이상 250% 이하
    - 제3종 일반주거지역 : 200% 이상 300% 이하
    - 준주거지역 : 200% 이상 500% 이하
  - 상업지역
    - 중심상업지역 : 400% 이상 1,500% 이하
    - 일반상업지역 : 300% 이상 1,300% 이하
    - 근린상업지역 : 200% 이상 900% 이하
    - 유통상업지역 : 200% 이상 1,100% 이하
  - 공업지역 : 400% 이하
  - 녹지지역 : 100% 이하
- 비도시지역
  - 관리지역
    - 보전관리지역 : 50% 이상 80% 이하
    - 생산관리지역 : 50% 이상 80% 이하
    - 계획관리지역 : 50% 이상 100% 이하
  - 농림지역 : 50% 이상 80% 이하
  - 자연환경보전지역 : 50% 이상 80% 이하

자! 이렇게 용도지역의 건폐율과 용적률에 의해서도 여러 가지 제약이 있습니다.

정말 그렇네요…

국토계획법에 너무 많은 시간을 보낸 거 같군요. 국토계획법에서 행위제한을 가하는 법조문들을 나열하고 넘어갈 테니까 필요하시면 공부하시길…

알겠습니다. 교수님!

제79조 : 용도지역미지정 또는 미세분 지역에서의 행위 제한
제80조 : 개발제한구역에서의 행위 제한
제80조의 2 : 도시자연공원구역에서의 행위 제한
제80조의 3 : 입지규제최소구역에서의 행위 제한
제81조 : 시가화조정구역에서의 행위 제한

자! 이제부터는 도로법과 관련해서 보겠습니다.

도로법에서는 진출입로의 사용과, 변속차로, 연결허가 금지구간 등만 알고 있으면 될 겁니다.

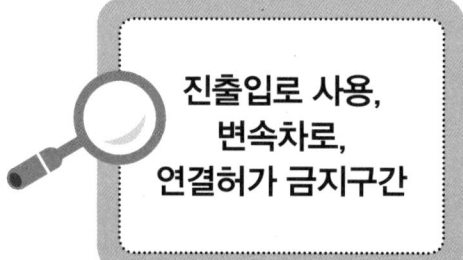

자! 우리는 앞에서 국토계획법에 의한 개발행위허가를 할 경우 개발규모에 따른 도로폭의 확보에 대하여 알아 봤습니다.

히히~ 그건 잊지 않았어요.

자! 이제 그걸 생각하면서 하나 하나 이야기 해보죠…

알겠습니다!

도로법 제53조

연결허가를 받은 시설 중 도로와 연결되는 시설이 다른 도로와 통로 등 일반인의 통행에 이용하는 시설인 경우 해당 연결허가를 받은 자는 일반인의 통행을 제한하여서는 아니 된다.

이럴 경우
乙은 甲이 연결허가 받은 부분을
이용할 수 있는 거죠.

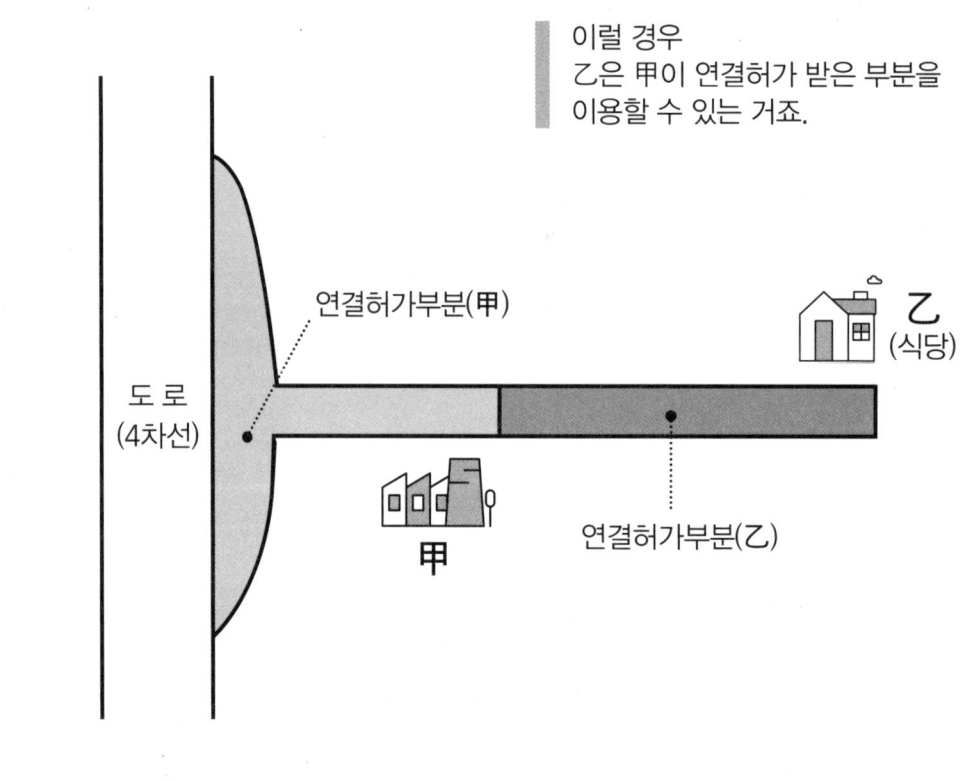

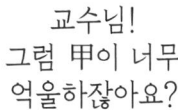 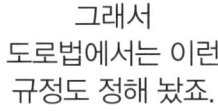 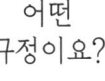

도로법 제53조

먼저 연결허가를 받은 자는 새로운 연결허가를 받기 위하여 진출입로를 공동사용하려는 자에게 공동사용 부분에 대한 비용의 분담을 요구할 수 있고, 그 분담금은 공동사용면적에 대한 설치비용의 합계액을 해당 연결허가를 받은 자 수로 나눈 금액이다.

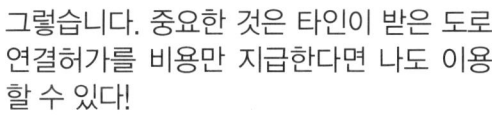

즉, 1억원/(甲+乙) = 5천만원인거죠.

그렇습니다. 중요한 것은 타인이 받은 도로연결허가를 비용만 지급한다면 나도 이용할 수 있다!

만약 누가 또 사용하고자 한다면 3으로 나누면 되네요?

그게 중요하군요...

변속차로는 자동차를 가속시키거나 감속시키기 위하여 설치하는 차로를 말합니다. 그럼 구체적인 설치기준은요?	ㅋ~ 너무 많은 경우의 수가 있으니까 도시지역과 비도시지역에 따라, 변속차로를 설치하려는 용도에 따라 그 기준이 있다는 것만 알고 가시기 바랍니다. 알겠습니다.
중요한 것은 반드시 변속차로를 설치해야 하는 곳인데 변속차로를 설치할 수가 없다. 그러면 그 땅은 맹지와 같다는 거죠. 정말 그렇네요.	그러므로 토지를 매입하기 전에는 반드시 내가 사용하려고 하는 용도에 맞고, 그 용도의 건축허가를 받을 수 있는가를 봐야죠. 알겠습니다.
자! 그럼 이제 연결허가 금지구간에 대하여 알아보죠. 연결허가는 전부 가능한 거 아닌가요?	아닙니다. 연결허가로 교통의 안전과 소통에 지장을 초래하면 안되죠. 아참! 그렇겠군요.

❸ 개발관련법상 맹지

도로와 다른 시설의 연결에 관한 규칙

제6조(연결허가의 금지구간)
1. 곡선반경구간 중 시거(視距)를 확보하지 못하는 경우
2. 종단기울기가 평지는 6%, 산지는 9%를 초과하는 구간. 단, 오르막차로 있는 경우는 허가 가능.
3. 조명이 설치된 터널 및 지하차도(시속 60km 이하는 300m 이내, 60km 이상은 350m 이내의 구간)
4. 교량 등의 근접으로 변속차로를 설치할 수 없는 구간
5. 버스 정차대 등 주민통행 위험 구간
6. 일반국도의 교차로 연결금지구간. 단, 5가구 이하의 주택과 2차로 이상의 도로 폭이 6m 이상 구간은 가능.

자! 이런 내용이 있다는 것만 아시고…
교차로 연결 금지구간 산정기준에 대하여 잠깐 알고 가죠.

교수님! 이런 내용을 깊게 알 필요가 있나요?

어차피 전문가에게 맡겨야 하니까 이런 것이 있다는 것만 알고 가시길…

알겠습니다.

변속차로가 설치되지 않았거나 설치계획이 없는 평면교차로의 연결 금지구간

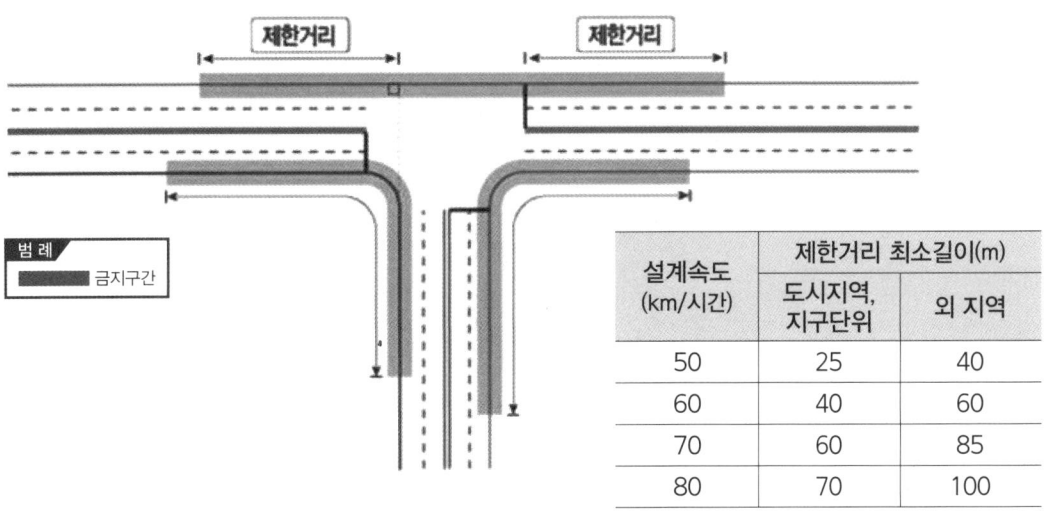

설계속도 (km/시간)	제한거리 최소길이(m)	
	도시지역, 지구단위	외 지역
50	25	40
60	40	60
70	60	85
80	70	100

변속차로가 설치되었거나 설치예정인 평면교차로의 연결 금지구간

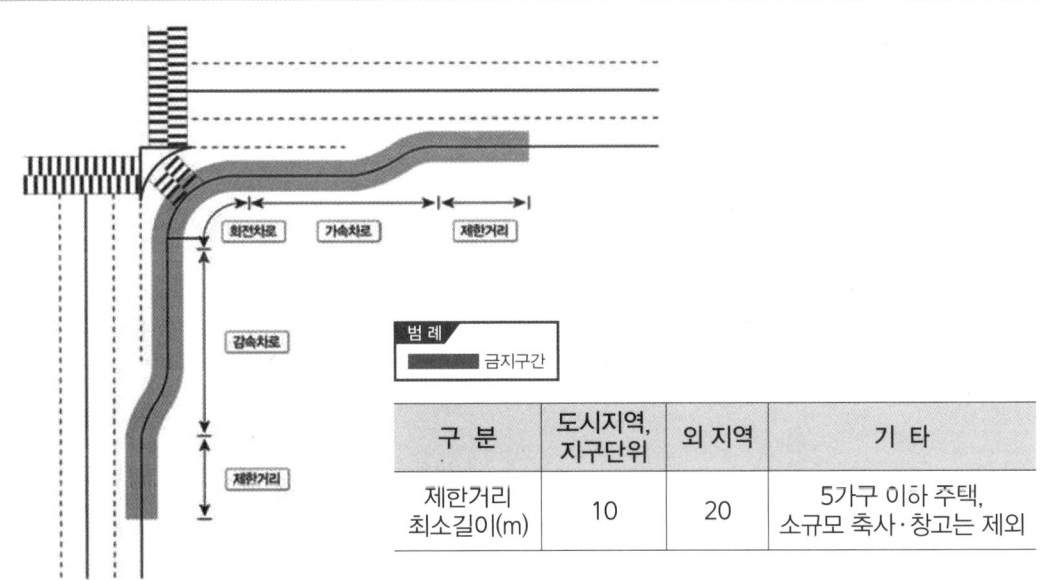

구 분	도시지역, 지구단위	외 지역	기 타
제한거리 최소길이(m)	10	20	5가구 이하 주택, 소규모 축사·창고는 제외

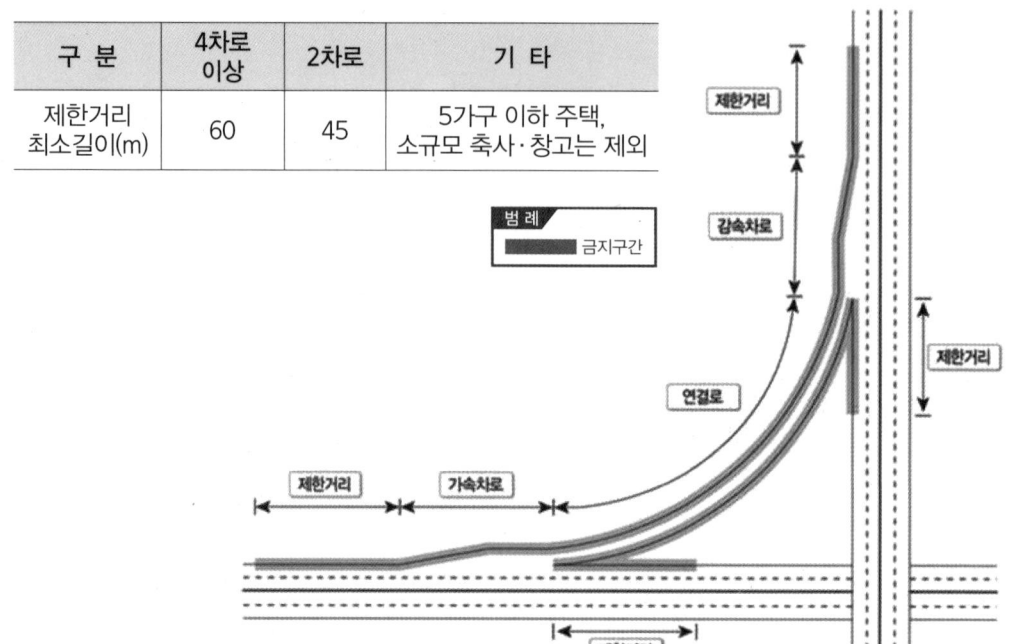

도로와 다른 시설의 연결에 관한 규칙 [별표4]

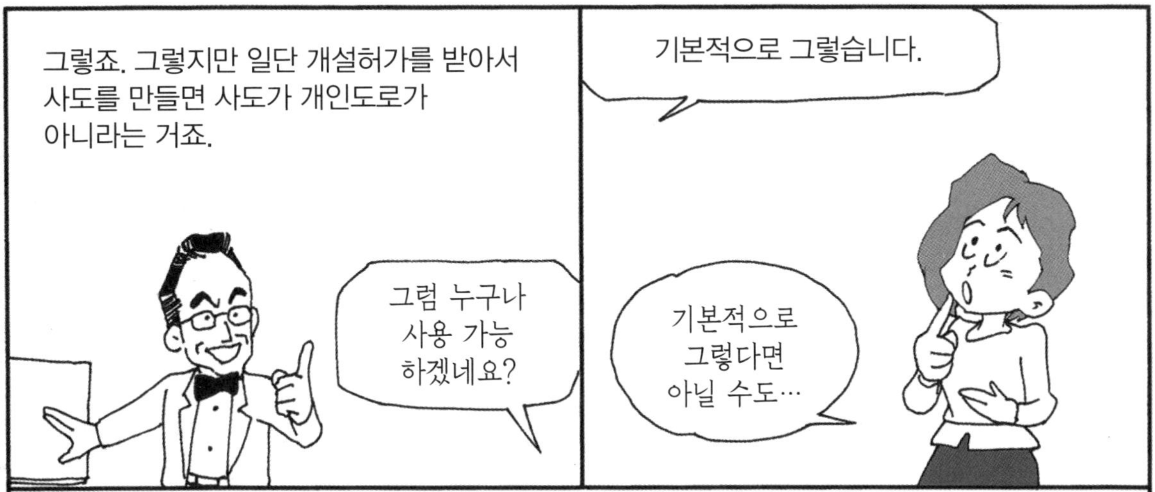

그렇죠. 그렇지만 일단 개설허가를 받아서 사도를 만들면 사도가 개인도로가 아니라는 거죠.

그럼 누구나 사용 가능하겠네요?

기본적으로 그렇습니다.

기본적으로 그렇다면 아닐 수도…

사도법 (제4조 : 개설허가 등)

① 사도를 개설·개축·증축 또는 변경하려는 자는 허가권자의 허가를 받아야 한다.

④ 허가권자는 사도의 허가를 하였을 때에는 그 내용을 공보에 고시하고, 사도대장에 그 내용을 기록하고 보관하여야 한다.

사도법 (제5조 : 사도의 폭 등 기준)

사도의 폭 등 구조는 『농어촌도로 정비법』에 따른 면도(面道) 또는 이도(里道)의 기준에 따른다

私道 = 公道

제5조에서 사도는 농어촌도로정비법에 따른 면도(面道) 또는 이도(里道)의 기준에 따른다고 했으므로 공도가 되는 겁니다.

아하! 그래서 사용승낙이 필요 없겠군요…

제9조에서는 사도개설자는 그 사도에서 일반인의 통행을 제한하거나 금지할 수 없다고 하고 있습니다. 그러나 예외가…

또요?

사도법 (제9조 : 통행의 제한 또는 금지)

사도개설자는 그 사도에서 일반인의 통행을 제한하거나 금지할 수 없다.
그러나 허가권자의 허가를 받은 경우는 그러하지 아니하다.

에~ 그리고 사도개설자는 미리 허가권자의 허가를 받아 그 사도를 이용하는 자로부터 사용료를 받을 수 있습니다.

참고로 감정평가 시 사도의 가치는 인접토지의 1/5수준으로 평가를 합니다.

인접토지의 1/5이요?

예 그렇습니다.
그러므로 사도가 포함된 토지를 경락 받을 때에는 이런 점도 참고하시길…

알겠습니다.

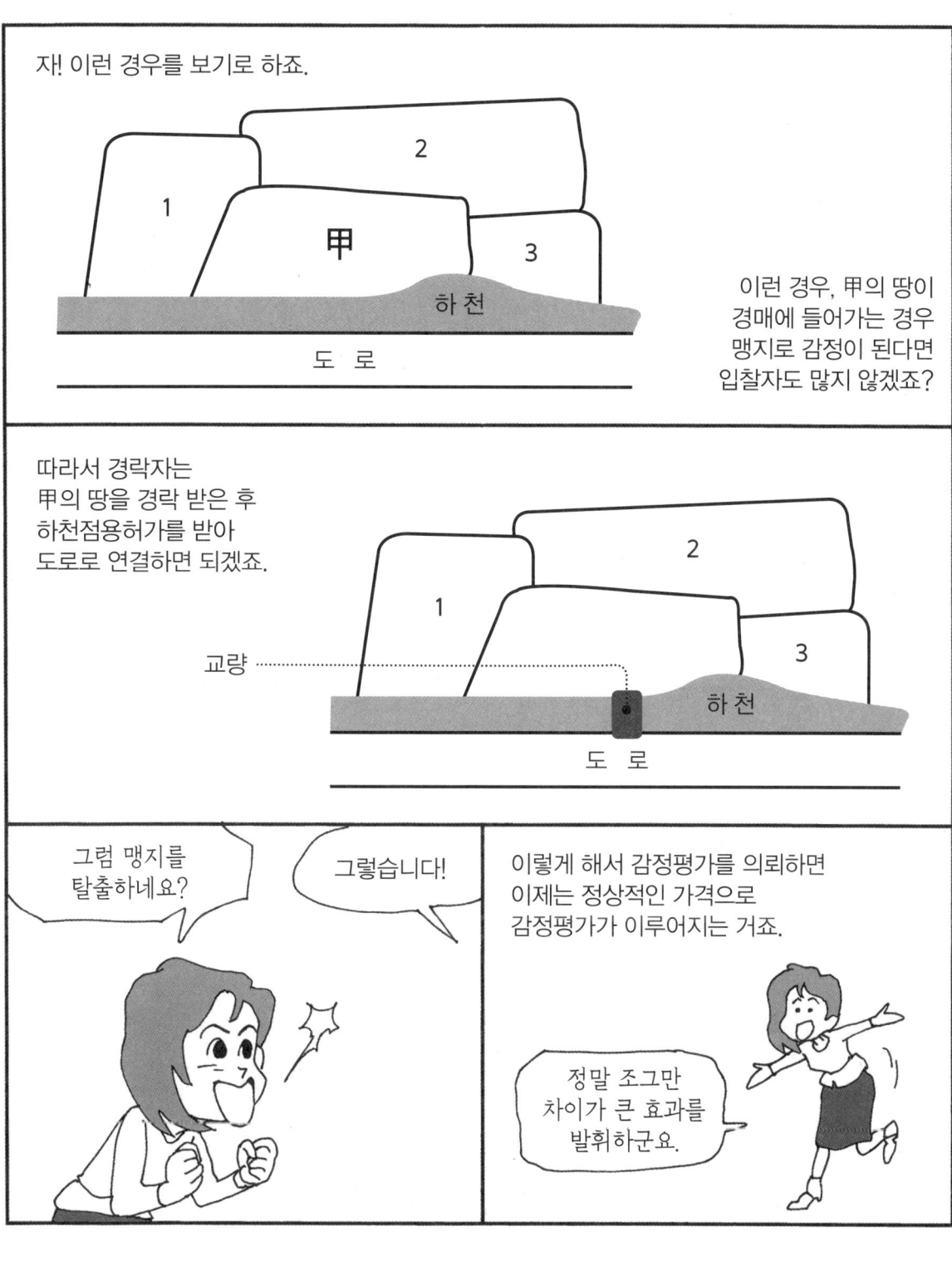

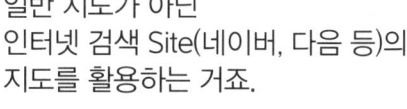

한가지 Tip을 주자면 경매물건을 검색할 때 경매 Site에 맹지라고 나와 있어도 반드시 지도를 확인하는 습관이 중요합니다.

지도를 검색하라구요…?

일반 지도가 아닌 인터넷 검색 Site(네이버, 다음 등)의 지도를 활용하는 거죠.

그렇게 해서 하천이나 맹지가 나오면 탈출할 수 있는가를 보란 말인가요?

그렇습니다. 경매 Site에서 주소를 드래그 하여 복사한 후 인터넷 검색 Site의 지도에 붙여넣기를 하여 검색을 하면 편리하죠.

아하! 그런 방법도 있네요.

자! 길을 걷다가 돌멩이를 봤을 때, 어떤 사람은 그냥 돌멩이라 생각하고, 어떤 사람은 소중한 원석이라고 생각하고…

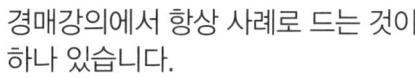

그게 무슨 말씀이죠?

ㅋㅋ 똑같은 경매물건을 보더라도 어떤 사람은 쓸모 없는 맹지라 생각하고, 어떤 사람은 돈이 되는 보물로 생각한다는 말이죠.

??????

경매강의에서 항상 사례로 드는 것이 하나 있습니다.

교수님! 그게 뭔가요?

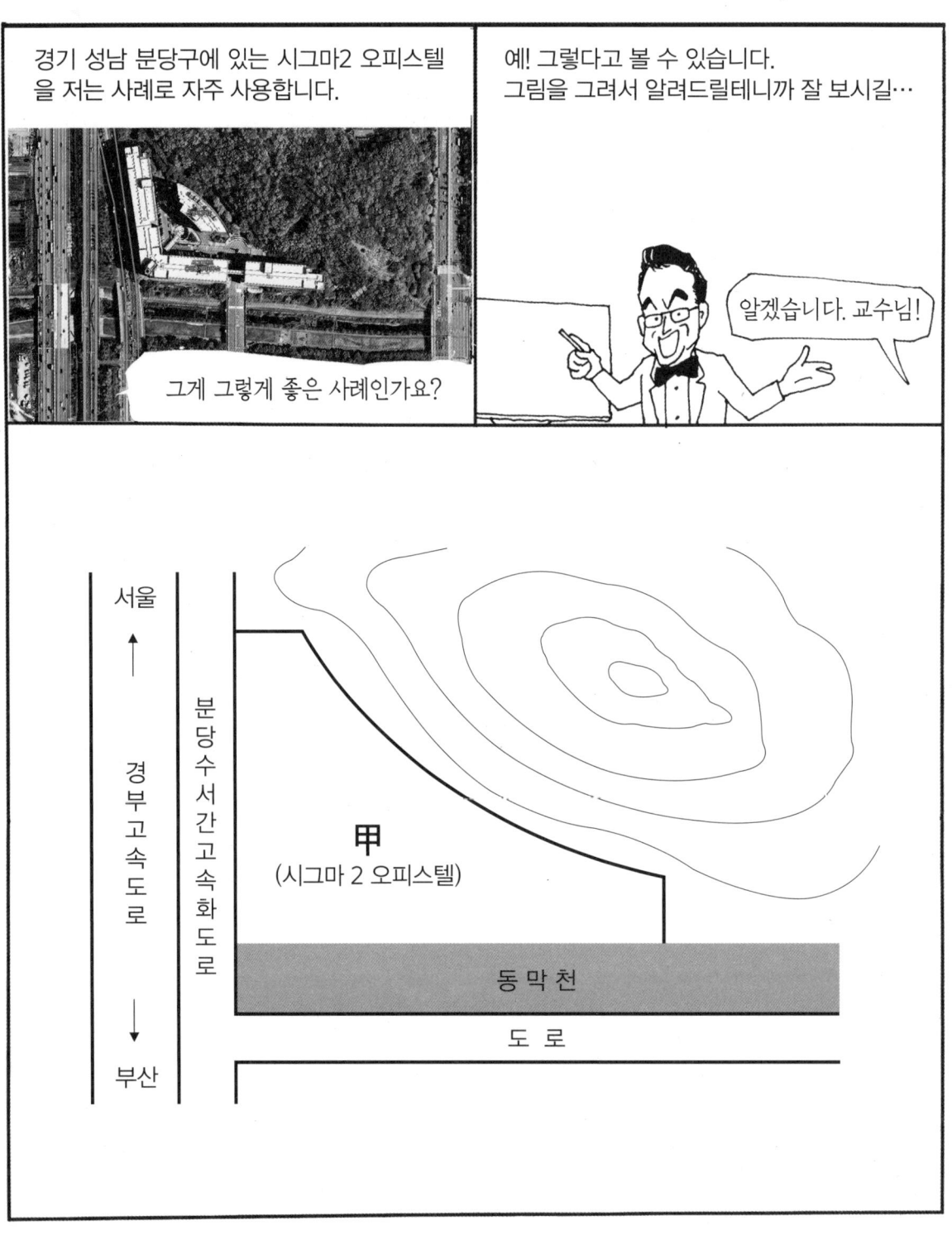

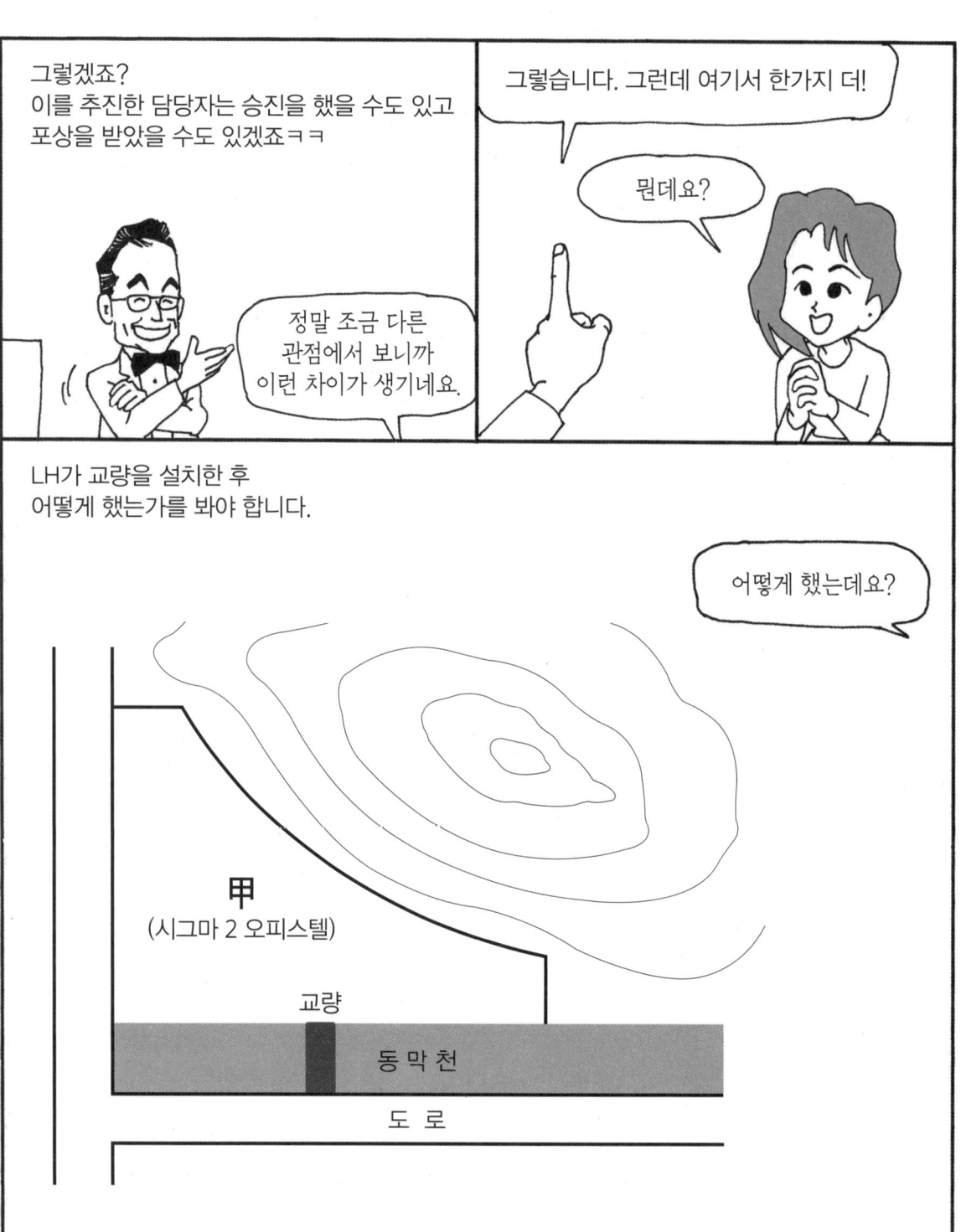

자! 이제 하천점용허가를 이용하여 자신의 건축물을 아주 유용하게 이용하고 있는 물건을 하나 보도록 하죠.

말 그대로 실전이네요…

그렇습니다. 우리가 하천점용허가를 말하지만 이렇게 실전에서 사용을 해야 빛이 나는 거죠.

알겠습니다.

소재지	강원도 원주시 귀래면 귀래리 ○○○		
감정가	1,106,456,250원	토지면적	1,901m²
최저가	542,163,000원 (49%)	건물면적	455m²

자! 이 물건은 최초 법사가격의 49%까지 하락한 상태죠.

그런데 뭐 특별한 거라도…?

이 물건은 토지면적이 1,901㎡라고 하지만 실제 사용 면적은 3,100㎡ 정도가 되었죠.

그럼 감정평가가 잘못된 건가요?

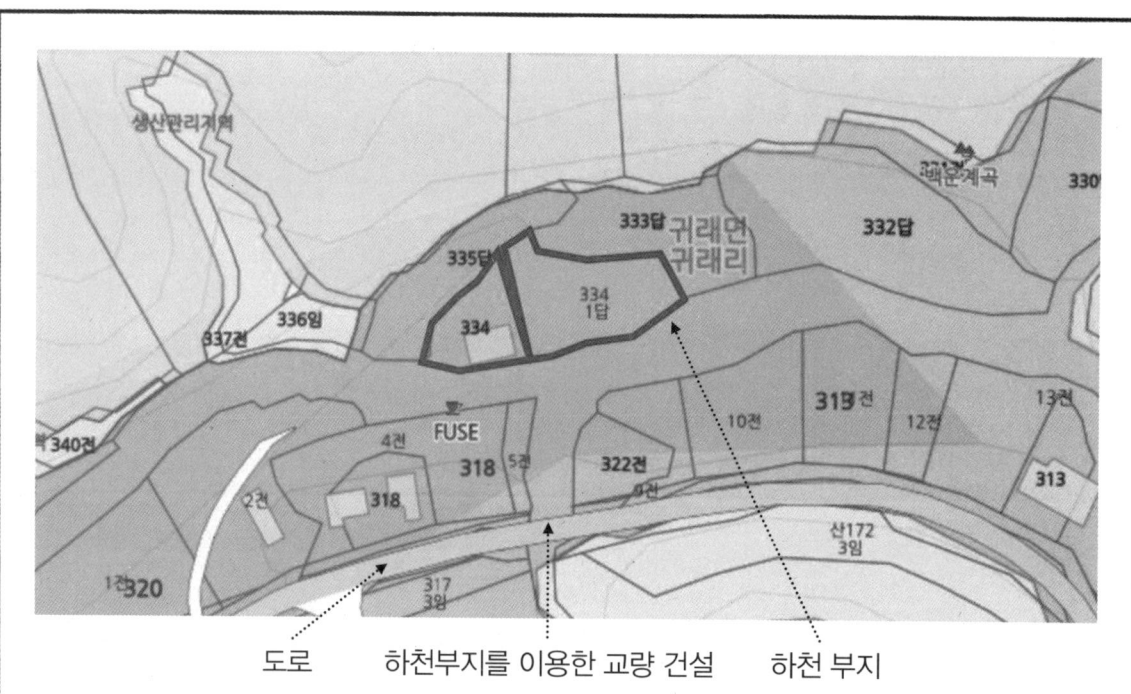

도로　　　하천부지를 이용한 교량 건설　　　하천 부지

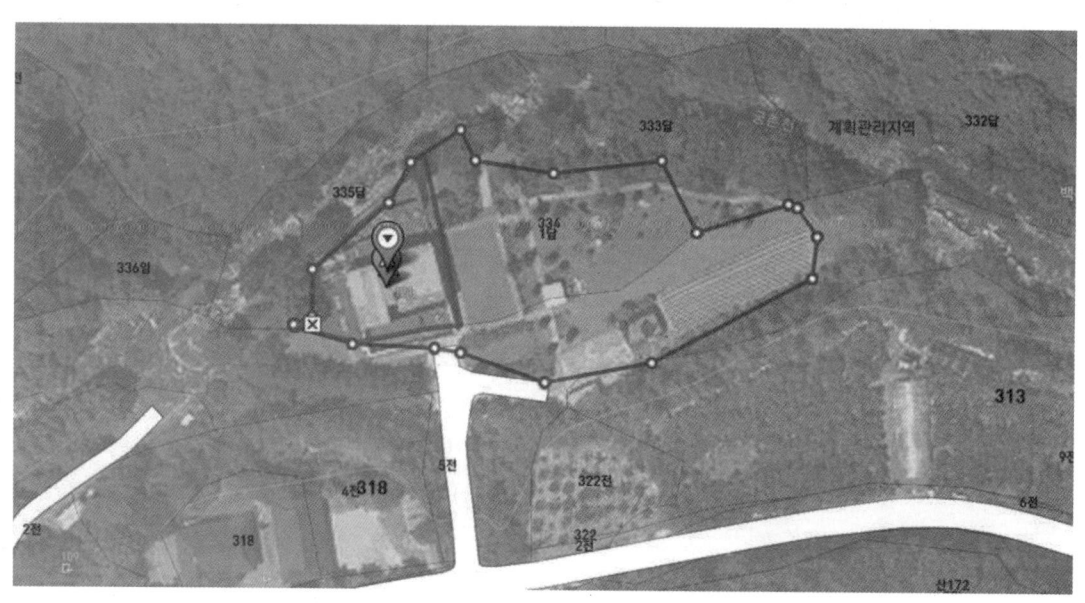

하천부지를 이용한 실제 점용 면적 (3,100㎡)

실제 위성 사진

자! 여기서 이 경매물건의 장점을 찾아 보겠습니다.

꿀꺽

궁금한데요…

이 물건의 대지는 1,901㎡이나 하천점용허가를 받아 합계 3,100㎡를 사용하고 있고, 주변을 자신의 정원처럼 사용하고 있죠.

그렇네요.

장 점

1. 하천점용허가로 교량을 건설하여 맹지를 탈출
2. 하천점용허가를 득하여 1,200㎡ 정도의 잔디 광장을 추가로 조성하여 사용 중
3. 전체 토지면적이 1,901㎡이나 하천점용허가를 받아 넓은 대지와 같은 효과를 나타냄

자! 보시는 바와 같습니다.
그런데 여기서 잠깐!

또 뭐가 있나요?

그럼 감정평가를 할 때 이 하천점용허가부분을 참작했을까요?

그건 잘 모르겠는데요…

감정평가서를 보면 하천점용허가를 받아 사용하고 있으니 감정평가액을 증액해야 하는 것처럼 보이지만…

증액하지 않았나요?

오히려 334-1의 물건이 현황상 하천구역이므로 감가하여 감정평가를 했습니다.

와우! 그럼 이 물건은 저평가되었다는 거네요?

물론 감정평가서는 올바르게 작성했겠지만 우리가 느끼는 것과는 좀 다르죠. 정말 그렇네요.	그러므로 우리는 경매물건을 볼 경우 이런 내용을 잘 봐야 합니다. 힘은 들겠지만 보물을 찾으려면…
앞으로는 경매물건, 특히 맹지를 볼 경우에는 전체적인 것을 확인하시길… 알겠습니다.	다시 한번 더 강조하지만 반드시 위성지도 확인과 현장 답사! **위성지도 확인, 현장 답사**

04 감정평가서상 맹지

그렇습니다. 맹지와 주위토지통행권은 거의 같이 간다고 생각해야 합니다. 물론 같이 가지 않는 경우도 있지만… 같이 가지 않는 경우는 어떤 경우인가요?	앞에서 말씀 드렸지만 하천점용허가, 도로점용허가 등 맹지를 탈출하는 방법은 주위토지통행권과는 관계가 없죠. 교수님! 그럼 빨리 빨리 설명해 주시죠…
ㅋㅋ 너무 빨리 빨리 가면 넘어지니까 하나 하나 천천히 가야죠… 교수님 그래도 빨리 알고 싶네요.	오케! 알았습니다. 맹지를 이해하기 위해서는 주위토지통행권과 하천점용허가, 도로점용허가 등을 알아야 한다는 것을 명심하시고… 옛설! 명심하겠습니다.
감정평가서를 이해하기 위해서 주위토지통행권에 대해서 알아보죠. 주위토지통행권이 필요한 토지는 감정평가시 통로개설에 필요한 비용을 고려한다고 했는데 쉽게 설명을 해주셔야…	ㅋㅋ 너무 서두르면 넘어진다니까… ㅋ~ 알겠습니다.

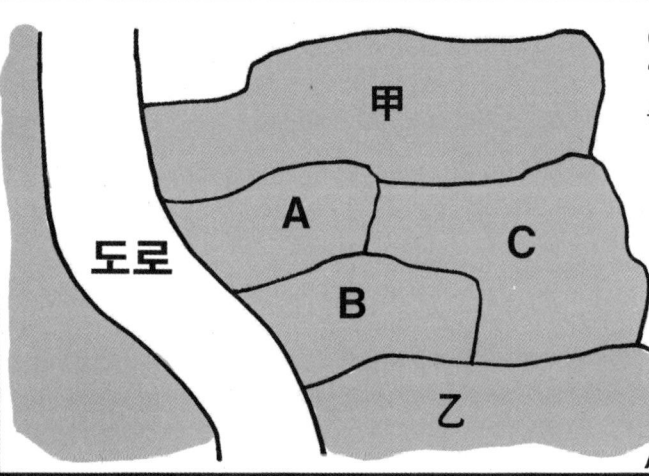

모든 토지의 감정평가서에는 "개별요인 비교항목"이 있습니다.

이게 뭔가요?

개별요인 비교항목에는 몇 가지가 있습니다.

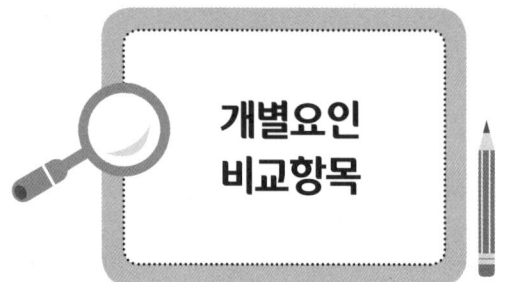

조 건	항 목
가로조건	가로의 폭, 구조 등의 상태
접근조건	교통시설, 상가, 공공 및 편의시설과의 접근성
환경조건	일조, 자연환경, 인근환경, 공급 및 처리시설의 형태, 위험 및 혐오시설 등
획지조건	면적, 접면너비, 깊이, 형상, 방위, 고저, 이용상황, 접면도로상태 등
행정적조건	행정상의 규제 정도
기타조건	장래의 동향

이렇게 몇 가지의 비교항목이 있는데, 이러한 항목을 비교표준지와 비교를 하는 겁니다.

비교표준지요?

표준지 공시지가

표준지 공시지가는 매년 1월 1일을 기준으로 국토교통부장관이 조사·평가하여 공시하는 표준지의 m²당 가격

기호	비교 표준지	가로 조건	접근 조건	환경 조건	획지 조건	행정 조건	기타 조건
1	A	1.00	1.00	1.00	0.80	1.00	1.00

이렇게 감정평가의뢰 받은 물건과 비교표준지를 항목에 따라 비교하는 겁니다.

그럼 이 건의 개별요인 비교치결정을 어떻게 이해해야 하나요?

이는 비교표준지와 비교해서 접면너비나 형상 등에서 열세라는 것을 말하는 겁니다.

이 물건은 가로조건, 접근조건, 환경조건 등에서는 비교표준지와 똑같지만, 획지조건에서 열세인 것으로 나왔습니다.

아하~ 그렇군요.

항상 감정서를 볼 때 이런 내용을 알고 보면 현장에 가보지 않아도 비교표준지와의 비교가 가능할 겁니다.

물론입니다. 자! 이제 또 다른 감정사례를 보겠습니다.

그래도 현장은 꼭 가봐야…

이거 재밌는데요.

❹ 감정평가서상 맹지

이번 사례에서는 감정평가에 관한 규칙 중 제6조와 제13조의 내용과도 관련됩니다.

어휴 ~ 또 법조항…

감정평가에 관한 규칙

제6조(현황기준 원칙) 감정평가는 기준시점에서의 대상물건의 이용상황 및 공법상 제한을 받는 상태를 기준으로 한다.

제13조(감정평가서 작성) 감정평가서에는 기준시점, 조사기간 및 감정평가서 작성일이 포함되어야 한다.

자! 실전경매 사례를 하나 보죠…

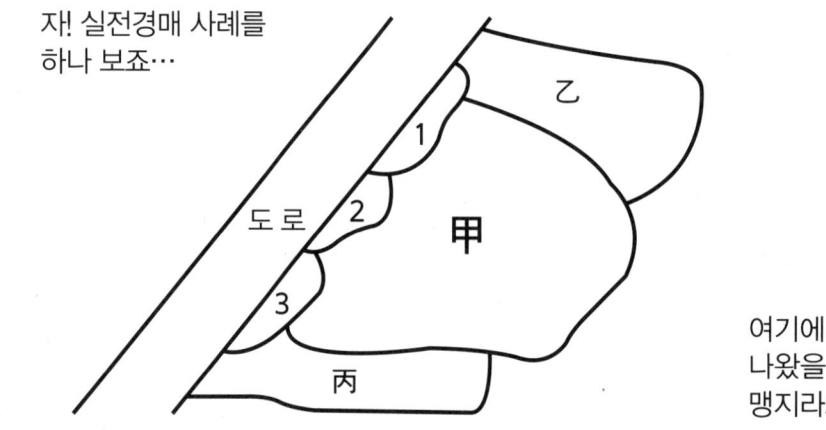

여기에서 甲의 지번이 경매에 나왔을 경우 감정평가에서는 맹지라고 하죠.

그렇기 때문에 맹지를 잘 분석하면 좋은 물건을 낮은 가격에, 경쟁자 없이 경락 받을 수가 있는 거죠.

ㅋㅋ 아주 중요한 내용이군요…

그렇습니다. 보통 경매물건에서 맹지라고 하면 감정평가금액이 저평가되고, 또한 응찰자가 거의 없는 경우가 많죠.

저도 맹지는 응찰하지 않았으니까요.

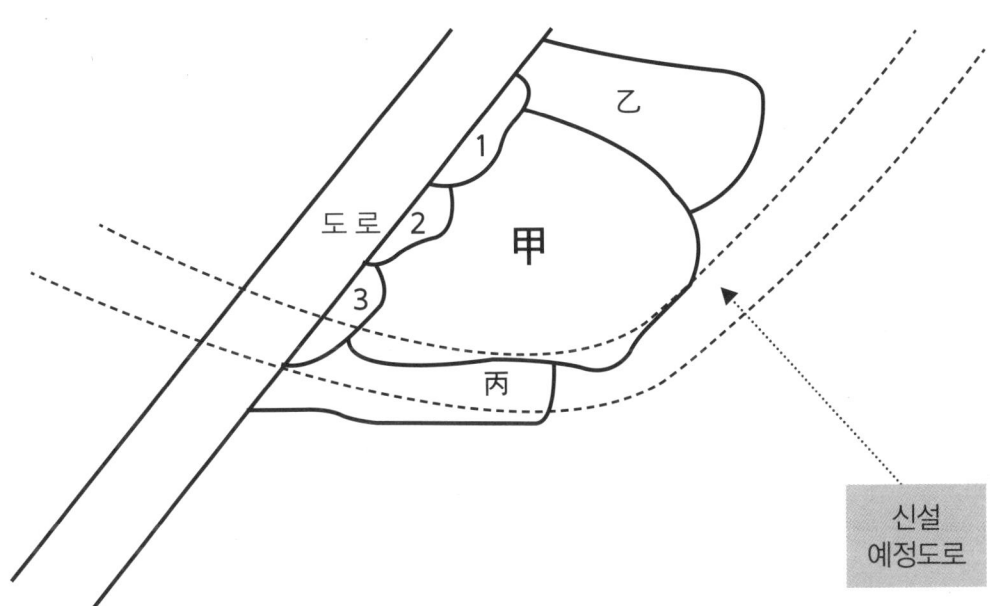

자! 甲의 토지를 경락 받아 시 또는 도로공사에서 1,2,3 부분을 매입하여 맹지를 탈출힐 수도 있지만, 도시계획상 신설도로 공사가 한창 진행 중이었습니다.

감정평가액	一金 칠십사억칠천삼십이만원 整 (₩7,470,320,000.-)			
의뢰인	서울동부지방법원 사법보좌관 한태연	감정평가목적	법원경매	
채무자	-	제출처	경매7계	
소유자 (대상업체명)	김○진 외 1명 (2015타경6320)	기준가치	시장가치	
		감정평가조건	-	
목록 표시근거	귀 제시목록	기준시점	조사기간	작성일
		2015.06.19	2015.06.17~2015.06.19	2015.06.22

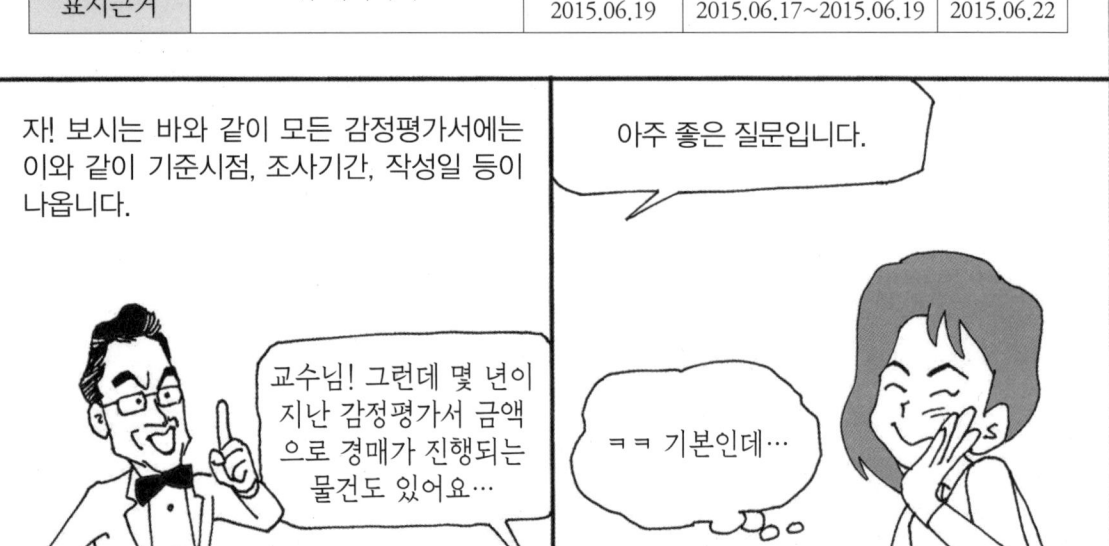

대법원 1998.10.28. 자 98마1817 결정

최초의 경매가격을 결정한 후 상당한 시일이 경과되고 부동산 가격에 변경이 있다고 하더라도 평가의 전제가 된 중요한 사항이 변경된 경우와 같은 특별한 사정이 없는 한 경매법원이 부동산 가격을 재평가하여야 하는 것은 아니다.

이렇게 부동산 재평가에 대한 대법원 결정도 있지만 법원실무제요에는 …

어떤 내용이 있어요?

(또 또 또 ~) "첫 매각기일 이후 강제집행 정지 결정으로 장기간 정지된 후 다시 속행하는 경우나, 평가 후에 환지처분이 있는 경우에 재평가를 명해야 한다"라고 하고 있죠.

그렇군요.

그러나 실제 법원에서는 이해관계인의 이의가 없으면 그대로 진행되는 경우가 많죠.

그래서 알아야 피해를 안보는 거죠?

그렇습니다. 그래서 우리가 이렇게 공부를 하는 겁니다.

감사합니다!

05

맹지에 대한 경매진행

그렇죠. 엄청 낮은 가격까지 유찰이 될 것은 뻔한 결과죠.  여러 번 유찰되면 1번 물건을 경락 받은 사람이 또 경락 받겠네요?	그렇겠죠. 그래서 일괄로 경매하느냐 개별로 경매하느냐가 중요하다는 거죠.  정말 경매법원에서 그렇게 진행할 수도 있나요?
일단 민사집행법에서는 개별매각의 원칙을 세우고 있죠. **판 례** 개별매각은 법정매각조건이 아니므로 경매목적 부동산이 2개 이상인 경우 개별매각 또는 일괄매각으로 할 것인지는 집행법원의 재량이다. (대법원 1964.6.24. 자 64마444 결정)	또한 경매법원에서는 개별매각을 일괄매각으로, 일괄매각을 개별매각으로 변경하는 것을 그 매각기일 이전까지 결정할 수 있죠.  그럼 이해관계인도 변경신청 가능하나요?
그렇습니다. 이해관계인도 신청이 가능하죠.  만약 경매법원이 들어주지 않으면요?	그럼 집행에 관한 이의신청을 하면 되죠. 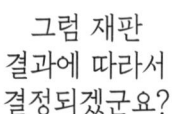  그럼 재판 결과에 따라서 결정되겠군요?

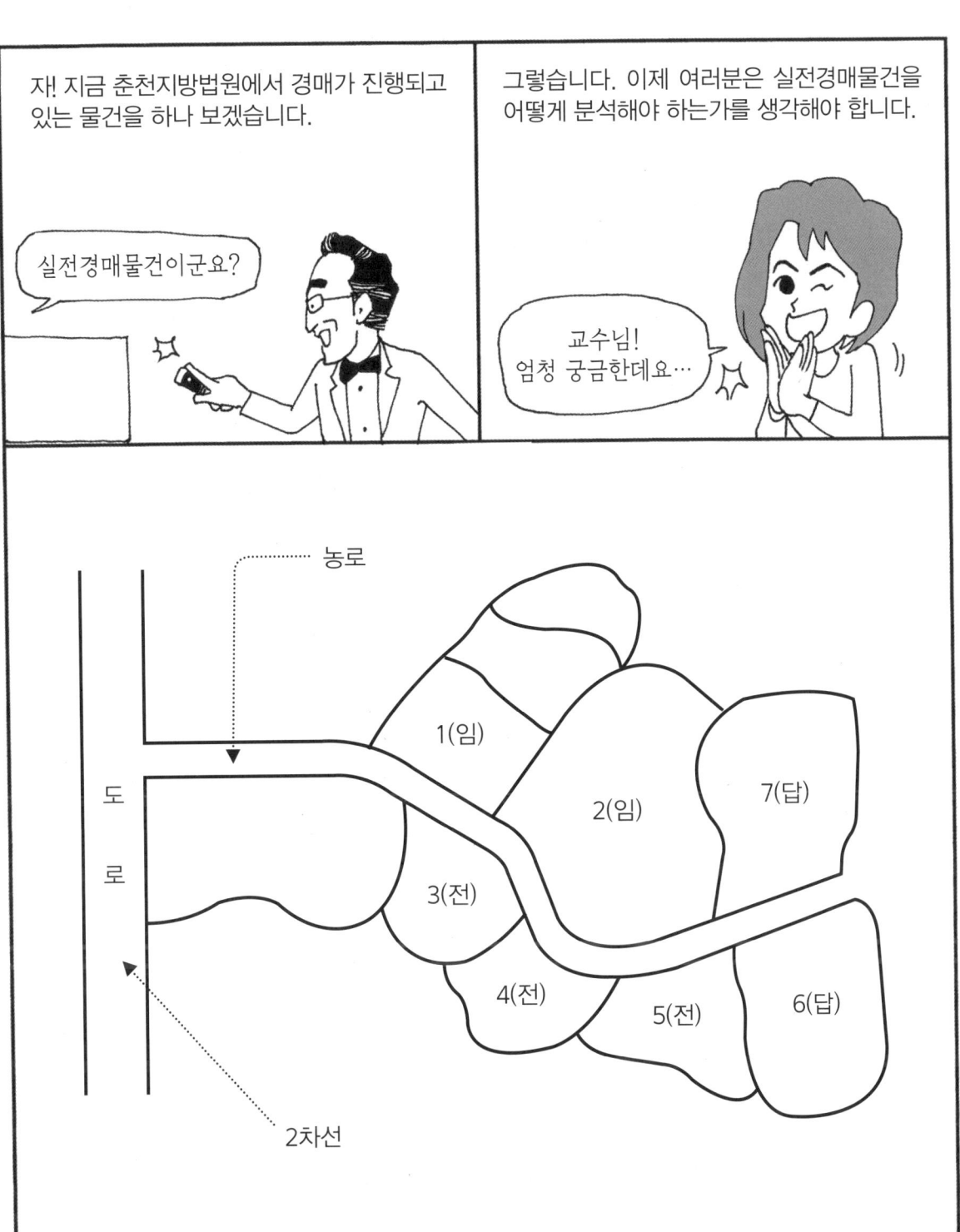

06 판례

대법원 1962.6.2.선고62아3판결 【통행로확인】

대법원 1970.5.12.선고70다337판결 【건물철거등】

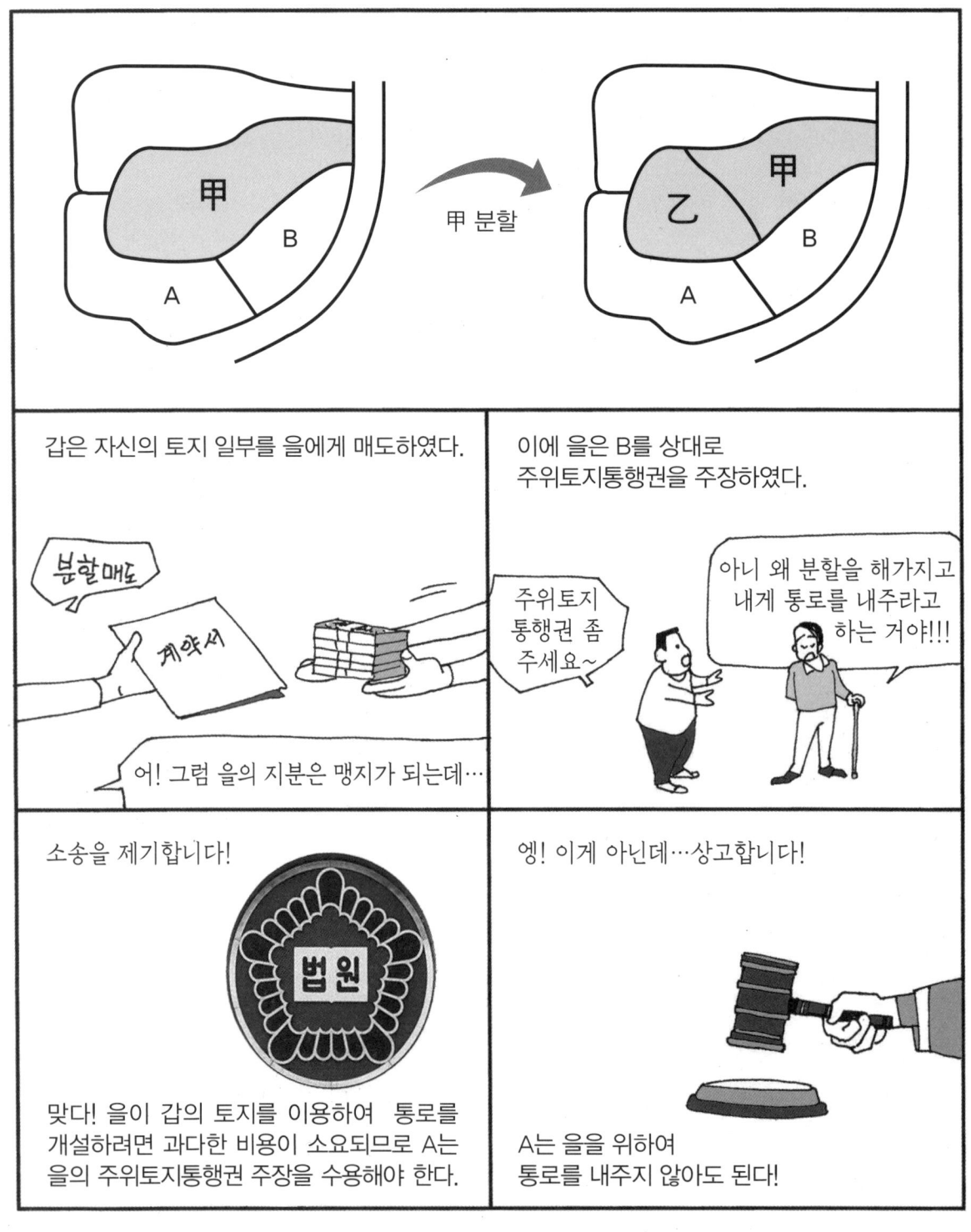

대법원 1992.4.24.선고91도32251판결 【토지통행인용】

『원심』

원고의 공로 출입을 위하여 피고의 서쪽 공로 방향보다는 피고 소유 토지를 적게 이용할 수 있는 북쪽 공로 방향으로 사람이 충분히 통행할 수 있고, 물건 등의 운반이 가능한 폭 1.5m의 통로인 피고 소유 북쪽 공로 방향의 13㎡에 한하여 통행할 권리가 있다. 땅! 땅! 땅!

아니 그러면 2m 폭이 안되니까 건축을 할 수 없는데…

ㅋㅋ그래도 별 수 없어. 당신이 그 토지를 취득할 당시 맹지인지 알고 있었잖아..

상고합니다.

할테면 해보셔…

건축법상 규제사항이 존재한다는 점만으로 주위토지통행권을 인정할 것은 아니라고 하더라도 ….

하더라도…

법령상의 규제내용도 참작하여 판단했어야 한다. 즉, 건축을 위한 원고의 통행로의 필요도와 피고가 입게되는 손해의 정도를 비교형량해서 주위토지통행권의 적절한 범위를 결정해야 한다.

아싸
그럼 2m 도로를 내줘야 한다는…

대법원 1994.10.21.선고94다16076판결 【통로통행방해배제등】

주위토지통행권의 범위는 사람이 주택에 출입하여 다소의 물건을 공로로 운반하는 등의 일상생활을 영위하는데 필요한 노폭까지 인정되고 토지의 이용방법에 따라서는 자동차 등이 통과할 수 있는 통로의 개설도 허용된다!

그러나 단지 생활상의 편의를 위하여 다소 필요한 상태라고 여겨지는 정도에 그치는 경우까지 자동차의 통행을 허용할 것은 아니다.

그러므로 현재의 노폭 2m면 충분하다.

대법원 1994.11.4.선고94도2112판결 【일반교통방해】

대법원 1994.12.2.선고93다45268판결 【통행방해배제】

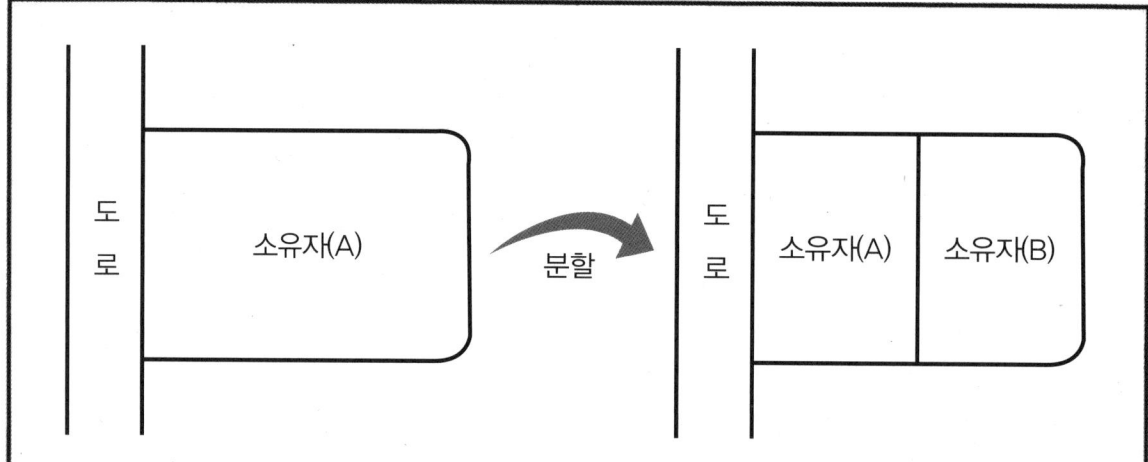

민법 제220조(분할, 일부양도와 주위통행권)

① 분할로 인하여 공로에 통하지 못하는 토지가 있는 때에는 그 토지소유자는 공로에 출입하기 위하여 다른 분할자의 토지를 통행할 수 있다. 이 경우에는 보상의 의무가 없다.

② 전항의 규정은 토지소유자가 그 토지의 일부를 양도한 경우에 준용한다.

원래 소유자(A)의 토지를 A와 B가 분할하였을 경우 B가 공로인 도로를 출입하기 위해서는 반드시 소유자 A의 토지를 통행해야 되는 거죠.

아닙니다. 민법 제 220조에 의하여 보상 없이 통행할 수 있습니다.

그럼 이때 B는 A에게 보상을 해야 되나요?

그럼 교수님! 소유자 B가 다른 사람에게 양도해도 보상 없이 통행할 수 있나요?

대법원 1995.9.15.선고95도1475판결 【일반교통방해】

형법

제185조(일반교통방해) 육로, 수로 또는 교량을 손괴 또는 불통하게 하거나 기타 방법으로 교통을 방해한 자는 10년 이하의 징역 또는 1천500만원 이하의 벌금에 처한다.

이 사건 도로가 농가의 영농을 위한 경운기나 리어카 등의 통행을 위한 농로로 개설되었다 하더라도 그 도로가 사실상 일반 공중의 왕래에 공용되는 도로로 된 이상 경운기나 리어카 등만 통행할 수 있는 것이 아니고 다른 차량도 통행할 수 있는 것이므로 일반교통방해죄에 해당한다.

대법원 1996.11.29.선고96다36852판결 【부당이득금】

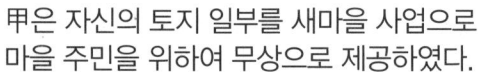

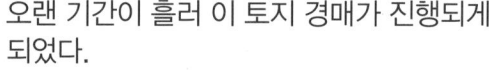

甲은 자신의 토지 일부를 새마을 사업으로 마을 주민을 위하여 무상으로 제공하였다.

오랜 기간이 흘러 이 토지 경매가 진행되게 되었다.

행정기관에서는 아스팔트 포장도 완료하였다.

자! 경매를 진행합니다!

경매에서 乙이 경락을 받은 후 지방자치단체를 상대로 부당이득금반환청구소송을 제기하였다.

우린 아무런 이익을 얻은 바가 없는데…

그래도 주민들이 이용하니까 지방자치단체가 부담해야죠.

아니! 무상으로 도로도 제공했는데…

甲이 자신의 토지 일부를 무상제공하고 이에 대한 독점적이고 배타적인 사용수익권을 포기했습니다!

그러므로 甲의 지위를 특정승계한 乙은 도로에 대한 독점적이고 배타적인 사용수익권을 행사할 수 없습니다.

또한 지방자치단체가 그 토지의 일부를 도로로서 점유·관리하고 있다고 하더라도 乙에게 어떠한 손해가 생긴다고 할 수 없습니다.

옳소!

또한 지방자치단체도 아무런 이익을 얻은 바가 없으므로 부당이득반환청구를 할 수도 없습니다.

내가 할 말을 다해버리면…

대법원 1998.3.10.선고97다47118판결 【가처분이의】

교수님! 주위토지통행권 발생 후 당해 토지에 접하는 공로가 개설된 경우에는 주위토지통행권이 소멸되나요?

예! 그렇습니다.

원칙적으로 주위토지통행권은 주위의 토지를 통행하거나 통로를 개설하지 않고서는 공로에 출입할 수 없는 경우죠.

그런다고 계속 다니던 통행권이 소멸된다면…

그렇게 한다면 주위토지통행권을 해준 토지의 소유자는 너무 피해가 크잖아요.

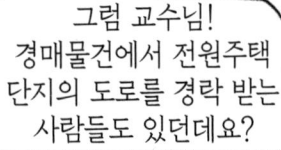

그럼 교수님! 경매물건에서 전원주택단지의 도로를 경락 받는 사람들도 있던데요?

그건 도로의 원소유자가 어떻게 했느냐에 따라 생각해 볼 수 있습니다.

어떻게 했느냐에 따라서요?

도로의 원소유자가 전원주택단지를 분양할 때 그 도로부지를 다른 토지의 통행로로 제공하여 독점적·배타적인 사용수익권을 포기하였느냐.

그리고 또 뭐죠?

그 도로부지를 무상으로 통행하게 된 후에 경락을 받았다면 경락자는 그 도로부지에 대하여 사용수익의 제한이 있다는 것을 알았겠죠?

당연히 알았겠죠.

근데 그런 도로부지를 경락 받아 수익을 챙기려는 사람들이 많던데요.

그건 도로를 이용하는 사람들이 잘 알지 못해서 그런 일이 발생하는 거죠.

그럼 원소유자와 마찬가지로 분할토지의 소유자들이 무상통행 할 수 있는 거죠?

다른 특별한 사정이 없는 한 그렇습니다.

대법원 1998.3.10.선고97다50121판결 【토지사용승낙】

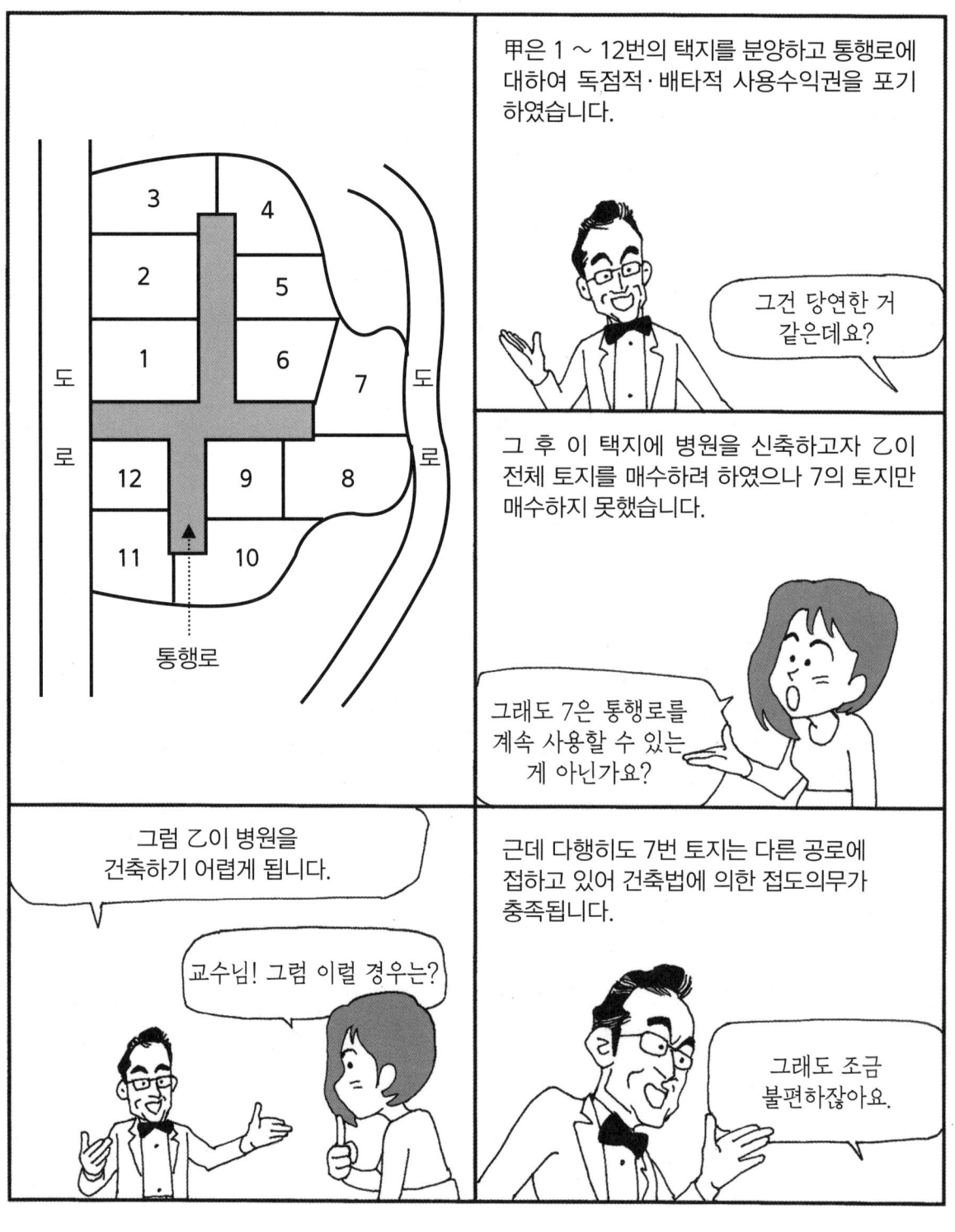

그렇지만 乙에게 미치는 손해가 7번 토지의 소유자가 받게 되는 불이익 보다는 너무 큰 거죠. 그래서 어떻게 되었어요.	물론 乙의 통행로에 대한 독점적·배타적 수익권은 제한되지 않는다고 했죠. 그럼 병원신축이 가능하네요?
그렇습니다. 그러므로 독점적·배타적수익권이 포기된 통행로라도 상황에 따라서는 바뀔 수도 있죠. 그렇군요. 영원한 것은 없네요…	**맹지탈출**

대법원 2006.6.2.선고2005다70144판결 【통행권확인】

대법원 2006.10.26.선고2005다30993판결 【주위토지통행권확인】

대법원 2007.10.11.선고2005도7573판결【일반교통방해】

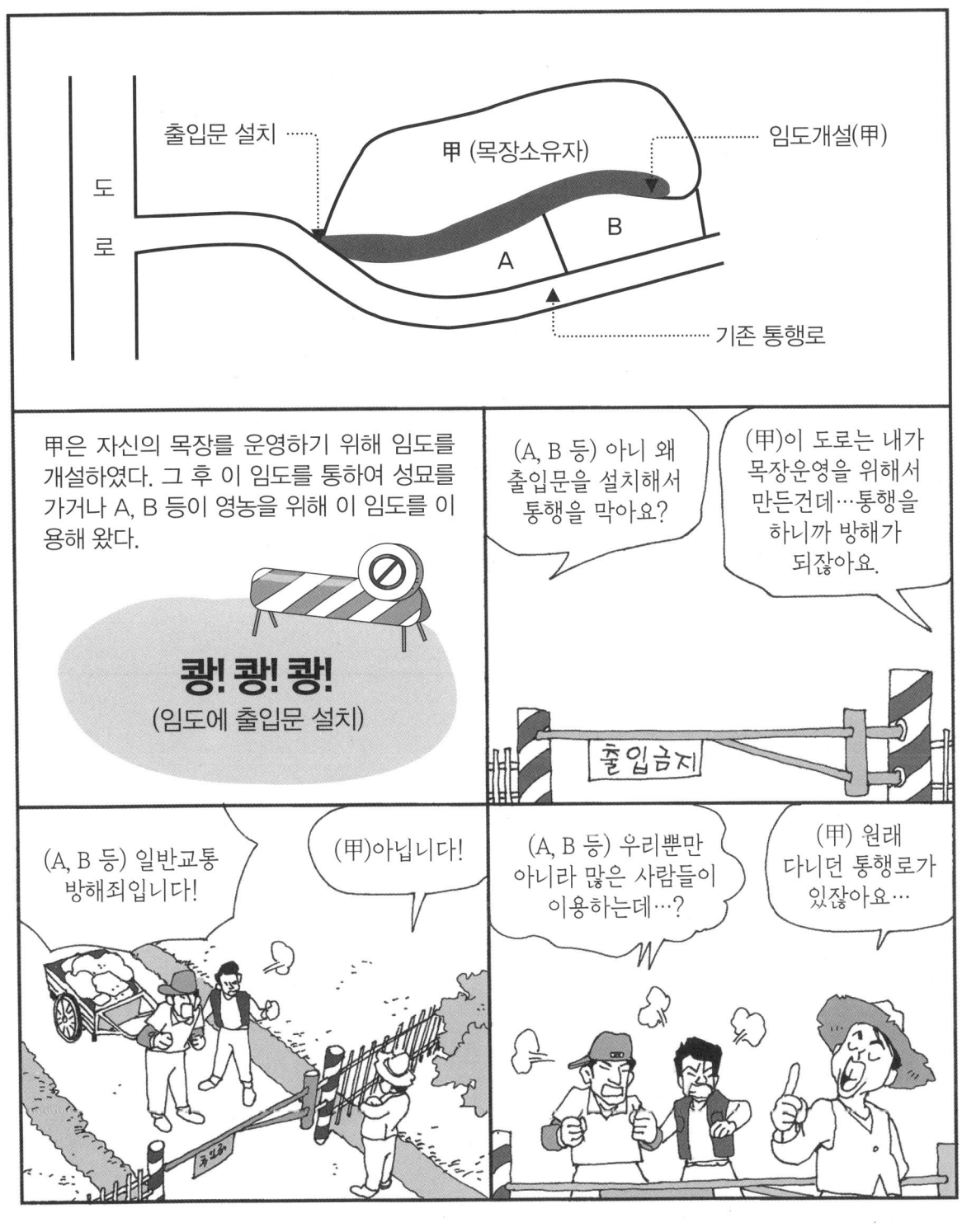

대법원 2007.12.28.선고2007도7717판결 【일반교통방해·업무방해】

대법원 2008.5.8.선고2007다22767판결 【통행권확인등】

대법원 2008.10.9.선고2008두4008판결 【건축허가무효확인청구】

대법원 2014.3.27.선고2011다107184판결 【소유권이전등기】

대법원 2014.12.24.선고2013다11669판결 【부당이득금반환등】

또한 구체적으로 쌍방 토지의 토지소유권 취득시기와 가격, 재산세 등을 고려하죠.

아! 그런 사항도 고려하는군요.

또한 통행 횟수, 방법 등을 고려하기도 하죠.

알겠습니다.

대법원 2016.12.15.선고2015다247325판결 【토지사용승낙】

자! 이번에는 수도나 가스관, 전선 등을 시설할 경우 타인의 토지를 경유할 때 토지사용승낙을 받아야 하는지에 대해 알아보죠.

교수님! 그건 주변에서 많이 일어나는 분쟁이잖아요?

그렇습니다. 그래서 이 내용을 바로 알자 그 말입니다.

정말 실전에 나오는 내용이네요…

민법 제218조(수도 등 시설권)

① 토지소유자는 타인의 토지를 통과하지 아니하면 필요한 수도, 소수관, 까스관, 전선 등을 시설할 수 없거나 과다한 비용을 요하는 경우에는 타인의 토지를 통과하여 이를 시설할 수 있다. 그러나 이로 인한 손해가 가장 적은 장소와 방법을 선택하여 이를 시설할 것이며 타토지의 소유자의 요청에 의하여 손해를 보상하여야 한다.

② 전항에 의한 시설을 한 후 사정의 변경이 있는 때에는 타토지의 소유자는 그 시설의 변경을 청구할 수 있다. 시설변경의 비용은 토지소유자가 부담한다.

(법원) 민법 제218조에 의거 수도 등 시설권은 법정의 요건을 갖추면 당연히 인정되고, 시설권에 근거하여 수도 등 시설공사를 시행하기 위해 따로 수도 등이 통과하는 토지 소유자의 동의나 승낙을 받아야 하는 것이 아니다!

와우!

(법원) 따라서 토지 소유자의 동의나 승낙은 민법 제218조에 기초한 수도 등 시설권의 성립이나 효력 등에 어떠한 영향을 미치는 법률행위나 준법률행위가 아니다!

엥!

자! 급수공사 신청자 甲은 토지 소유자 乙의 토지사용 승낙서를 받지 못했습니다.

그러면 어떻게 되어 있나요?

그렇지만 행정기관에서는 수도 등이 통과하는 토지 소유자의 사용승낙서를 받아오라고 하는데요.

물론 수도급수 조례에서는 그런 문구가 있지만 판례는 그렇지 않습니다.

그럼 행정기관에서는 급수공사 신청을 반려했나요?

그렇습니다.

그 후 甲은 乙을 상대로 토지사용승낙의 소를 제기하였습니다.

그럼 법원의 판단은요?

법원

토지사용승낙의 소가 아니라 甲은 자신에게 乙 소유 토지 중 수도 등 시설공사에 필요한 부분에 관하여 민법 제218조의 수도 등 시설권이 있다는 확인의 소 등을 제기하여 승소판결을 받은 다음 이를 甲의 사용권한을 증명하는 자료로 제출하여 지방자치단체에 급수공사의 시행을 신청하면 된다!

대법원 2017.1.12.선고2016다39422판결 【주위토지통행확인】

혼자만 알고 싶은 대박 경매 시리즈 ①
만화로 배우는 맹지(盲地) 탈출

초판 1쇄 · 2019년 4월 5일

지은이 · 정기수
그　림 · 안　주
제　작 · ㈜봄봄미디어
펴낸곳 · 봄봄스토리
등　록 · 2015년 9월 17일(No. 2015-000297호)
전　화 · 070-7740-2001
이메일 · bombomstory@daum.net

ISBN 979-11-89090-07-4(03320)
값 30,000원